일본 상용한자
2136자 읽기

정현혁 저

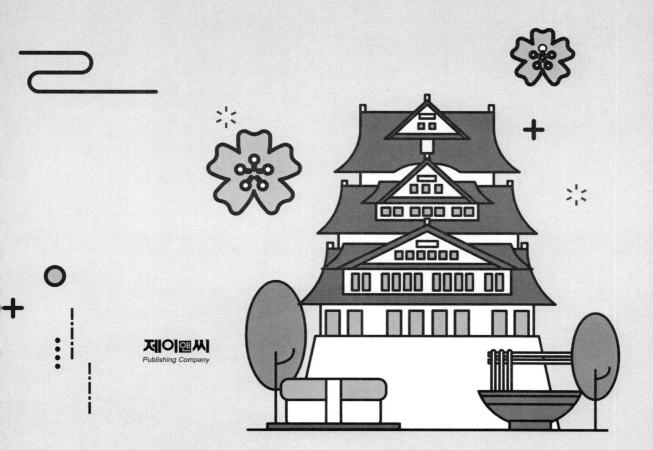

제이앤씨
Publishing Company

머리말

 일본어를 공부함에 있어서 학습자들이 가장 어려움을 느끼는 부분 중의 하나가 일본어 한자읽기라고 할 수 있다. 특히 구체적으로 일본어의 한자를 어떻게 공부해야 하는지 어려워하는 학습자들이 많다.

 본서는 이러한 학습자들의 어려움을 덜고자 일본 상용한자 2136자를 한국과 일본의 한자음의 대응관계를 통해 일본 한자의 음독을 효율적으로 학습할 수 있는 부분에 중점을 두어 구성하였다. 예를 들어 "한국어 초성자음[ㄱ]이 들어가는 상용한자" 중에 한국어로 "가"로 발음되는 일본 상용한자를 모두 제시하여 배열하면 [カ], [カ/ケ], [ガイ/カイ]이며 여기에 해당하는 한자를 한꺼번에 외우게 되는 것이다. 또한 한자마다 한국어의 뜻과 음도 같이 제시하고 있어서 한국어의 한자학습도 가능하게 하였다. 이런 식으로 1과부터 12과까지의 학습이 끝나면 일본어 한자 학습자가 일본 상용한자 2136자의 음독학습을 마스터할 수 있도록 하였다.

 1과부터 12과까지는 각 과마다 우선 [한자음독강의], [동자이음한자], [단어학습]을 하고, 여기에서 제시되었던 한자를 이용한 [문제]를 8개의 유형으로 제시하였다. 8개 유형의 문제는 한자 및 한어 음독 문제, 한자의 훈독 문제, 한자의 부수 찾기 문제, 한어 구성 문제, 사자성어 문제, 오자정정 문제 등이며 이 문제는 일본에서 실시하고 있는 공인일본한자능력검정시험 대비도 할 수 있도록 하였다. 13과에서는 다른 과와는 달리 상용한자표 부표를 이용한 다양한 문제풀이와 단어학습을 하도록 구성하였다. 뿐만 아니라 각 과마다 [쉬어가기]와 [미니상식] 코너를 마련하여 일본어 표현 및 한자에 대한 상식을 늘릴 수 있도록 꾀하였다.

 본서가 일본어 한자학습에 어려움을 겪는 학습자들에게 도움이 되기를 바라며 독자 여러분의 기탄없는 비판과 의견을 바란다.

 끝으로 본서가 출판되기까지 교정에 힘을 써 준 전안나 튜터와 많은 배려와 노고를 아끼지 않으신 도서출판 제이앤씨의 윤석현 사장님께 심심한 감사를 드린다.

2019년 1월 이문동 연구실에서
정현혁 씀

차 례

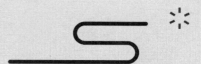

한국어 초성자음 [ㄱ]이 들어가고 받침이 없는 상용한자

학습목표

　이번 강의에서는 일본 상용한자 2136자 중 한국어 초성자음 [ㄱ]이 들어가고 받침이 없는 한자를 대상으로 한자의 음독, 훈독연습을 비롯해 다양한 문제를 풀어본다. 또한 일본 상용한자에 제시된 훈을 단어학습을 통해 세밀하게 학습한다.

　이렇게 함으로써 일본 상용한자에 익숙해 짐과 동시에 일본에서 실시하는 공인일본 한자능력검정시험 대비도 할 수 있도록 한다.

앞으로 일본 상용한자의 음독연습을 함에 있어서 외우는데 도움을 주기 위하여 한자 뒤에 뜻을 달았으니 적극 활용하기 바란다. 한자 뒤의 ( ) 안에 쓰여진 한자는 구자체를 의미한다.

여기에서는 일본 상용한자 중 한국어 초성자음 [ㄱ]이 들어가고 받침이 없는 한자음을 한국과 일본의 한자음의 대응관계를 통해 알아본다.

가 カ　加(더할), 可(가능할), 佳(아름다울), 価(價)(값), 架(시렁), 嫁(시집갈), 暇(겨를), 歌(노래), 稼(심을), 苛(매울)

カ/ケ　仮(假)(거짓), 家(집)
　예 仮装(カソウ)가장 / 仮病(ケビョウ)꾀병
　　家屋(カオク)가옥 / 本家(ホンケ)본가

ガイ/カイ　街(거리)
　예 街頭(ガイトウ)가두 / 街道(カイドウ)가도

개 カイ　介(끼일), 改(고칠), 皆(모두), 開(열)

ガイ　慨(분개할), 概(槪)(대개), 蓋(덮을)

カ　箇(낱)

コ　個(낱)

거 キョ　巨(클), 居(거할), 拒(거부할), 挙(擧)(들), 距(떨어질)

キョ/コ　去(갈), 拠(據)(의지할)
　예 除去(ジョキョ)제거 / 過去(カコ)과거
　　根拠(コンキョ)근거 / 証拠(ショウコ)증거

계 ケイ　掲(揭)(기록할), 憩(쉴)

계 ケイ　系(이을), 係(걸릴), 契(맺을), 計(꾀), 啓(열), 渓(溪)(계곡), 継(繼)(이을), 鶏(鷄)(닭), 稽(생각할)

カイ　戒(경계할), 界(지경), 械(형틀), 階(섬돌)

キ　季(끝)

고	コ	古(옛), 固(굳을), 故(옛), 枯(메마를), 庫(창고), 雇(고용할), 鼓(북), 顧(회고할), 股(넓적다리), 錮(땜질할), 孤(외로울)
	コウ	高(높을), 稿(원고), 考(생각할)
	ゴウ	拷(칠)
	コク	告(알릴)
	ク	苦(괴로울)
과	カ	寡(적을), 果(과실), 科(과정), 菓(과일), 課(매길), 過(지날)
	コ	誇(자랑할)
괴	カイ	塊(덩어리), 怪(괴이할), 拐(속일), 壞(壞)(무너질)
교	キョウ	橋(다리), 矯(바로잡을), 教(教)(가르칠)
	コウ	交(사귈), 巧(공교로울), 校(학교), 絞(목맬), 郊(들)
	カク	較(비교할)
구	キュウ	丘(언덕), 救(구원할), 求(구할), 球(공), 究(연구할), 旧(舊)(옛), 臼(절구)
	キュウ/ク	久(오랠), 九(아홉)

예 永久(エイキュウ)영구 / 久遠(クオン)구원

九百(キュウヒャク)구백 / 九月(クガツ)구월

구	コウ	拘(거리낄), 構(얽을), 溝(붓도랑), 購(구할), 勾(굽을)
	コウ/ク	口(입)

예 人口(ジンコウ)인구 / 口伝(クデン)구전

구	ク	句(글귀), 区(區)(구역), 駆(驅)(몰)
	グ	具(갖출), 惧(두려워할)
	オウ	欧(歐)(토할), 殴(毆)(때릴)
궤	カイ	潰(무너질)
	キ	机(책상), 軌(수레바퀴)
귀	キ	貴(귀할), 鬼(귀신), 帰(歸)(돌아올), 亀(龜)(거북)

규	キュウ	糾(꼴)
	キョウ	叫(부르짖을)
	キ/ギ	規(법)
		예 規則(キソク)규칙 / 定規(ジョウギ)자

기	キ	企(꾀할), 基(기초), 奇(기이할), 寄(부칠), 岐(갈림), 幾(기미), 忌(꺼릴), 旗(깃발), 棋(바둑), 棄(포기할), 機(베틀), 汽(김), 紀(벼리), 記(기록할), 起(일어날), 飢(飢)(굶주릴), 騎(기마), 器(器)(그릇), 祈(祈)(빌), 既(既)(이미), 伎(재주), 畿(경계)
	キ/ゴ	期(기약할)
		예 期待(キタイ)기대 / 最期(サイゴ)최후,임종.
	キ/ケ	気(氣)(기운)
		예 気候(キコウ)기후 / 気配(ケハイ)기운
	ギ	技(재주), 欺(속일)
	キ/コ	己(몸)
		예 知己(チキ)지인 / 自己(ジコ)자기
	ゴ	碁(바둑)

정리

1. 한국어 초성자음이 [ㄱ]이고 받침이 없는 한자음은 일본 한자음에서 대부분 カ行이고 일부분이 ガ行(ア行)이다. ア行의 경우는 欧(토할 구), 殴(때릴 구)뿐이기 때문에 외워둘 필요가 있다.

2. 일본 상용한자 중에서 한국어 초성자음이 [ㄱ]이고 받침이 없는 [거] [과] [귀] [기]는 1음절로만 읽혀진다.

Ⅱ. 동자이음한자(同字異音漢字)

仮装(<u>カ</u>ソウ) 가장 ‖ 仮病(<u>ケ</u>ビョウ) 꾀병

家屋(<u>カ</u>オク) 가옥 ‖ 本家(ホン<u>ケ</u>) 본가

街頭(<u>ガイ</u>トウ) 가두 ‖ 街道(<u>カイ</u>ドウ) 가도

除去(ジョ<u>キョ</u>) 제거 ‖ 過去(<u>カコ</u>) 과거

根拠(コン<u>キョ</u>) 근거 ‖ 証拠(ショウ<u>コ</u>) 증거

永久(エイ<u>キュウ</u>) 영구 ‖ 久遠(<u>ク</u>オン) 구원

九百(<u>キュウ</u>ヒャク) 구백 ‖ 九月(<u>ク</u>ガツ) 구월

人口(ジン<u>コウ</u>) 인구 ‖ 口伝(<u>ク</u>デン) 구전

規則(<u>キ</u>ソク) 규칙 ‖ 定規(ジョウ<u>ギ</u>) 자

期待(<u>キ</u>タイ) 기대 ‖ 最期(サイ<u>ゴ</u>) 최후, 임종

気候(<u>キ</u>コウ) 기후 ‖ 気配(<u>ケ</u>ハイ) 기운

知己(チ<u>キ</u>) 지인 ‖ 自己(ジ<u>コ</u>) 자기

Ⅲ. 단어학습

□ 加える	くわえる	더하다	□ 価	あたい	가치
□ 嫁ぐ	とつぐ	시집가다	□ 暇	ひま	겨를
□ 稼ぐ	かせぐ	벌다	□ 改める	あらためる	고치다
□ 蓋	ふた	뚜껑	□ 拒む	こばむ	거부하다
□ 掲げる	かかげる	내걸다	□ 憩い	いこい	쉼
□ 契る	ちぎる	맺다	□ 継ぐ	つぐ	잇다
□ 戒める	いましめる	훈계하다	□ 故	ゆえ	까닭
□ 枯れる	かれる	마르다	□ 雇う	やとう	고용하다
□ 鼓	つづみ	북	□ 顧みる	かえりみる	회고하다

□ 股	また	넓적다리	□ 苦い	にがい	씁쓸하다
□ 果てる	はてる	다하다	□ 過つ	あやまつ	실수하다
□ 誇る	ほこる	자랑하다	□ 塊	かたまり	덩어리
□ 怪しい	あやしい	수상하다	□ 壊す	こわす	무너뜨리다
□ 矯める	ためる	교정하다	□ 交わす	かわす	교환하다
□ 巧み	たくみ	교묘함	□ 絞る	しぼる	짜다
□ 球	たま	공	□ 究める	きわめる	깊이 연구하다
□ 臼	うす	절구	□ 構う	かまう	관계하다
□ 溝	みぞ	도랑	□ 駆ける	かける	뛰다
□ 殴る	なぐる	때리다	□ 潰す	つぶす	부수다
□ 叫ぶ	さけぶ	부르짖다	□ 企てる	くわだてる	기도하다
□ 基	もとい	기초	□ 忌まわしい	いまわしい	꺼림칙하다
□ 旗	はた	깃발	□ 機	はた	베틀
□ 記す	しるす	기록하다	□ 飢える	うえる	굶주리다
□ 祈る	いのる	빌다	□ 技	わざ	재주
□ 欺く	あざむく	속이다	□ 己	おのれ	자기자신

Ⅳ. 문제

1. 가타카나로 제시된 음과 다르게 읽히는 한자를 고르세요.

  1) カ　　　① 佳　② 街　③ 嫁　④ 寡

  2) キ　　　① 規　② 鬼　③ 机　④ 技

  3) ク　　　① 購　② 区　③ 句　④ 駆

  4) コ　　　① 枯　② 雇　③ 顧　④ 拷

  5) カイ　　① 慨　② 介　③ 皆　④ 開

  6) ケイ　　① 憩　② 啓　③ 戒　④ 鶏

  7) コウ　　① 稿　② 購　③ 殴　④ 巧

  8) キュウ　① 丘　② 拘　③ 求　④ 球

9) キョ　　　　①居　②距　③巨　④個

10) キョウ　　　①較　②橋　③矯　④教

2. 가타카나로 제시된 음과 다르게 읽히는 한어를 고르세요.

1) カイジョウ　①開場　②塊状　③街上　④階乗

2) カイセイ　　①開成　②改姓　③慨世　④快晴

3) カイドウ　　①街道　②怪童　③皆動　④街頭

4) カガク　　　①科学　②歌学　③家学　④価格

5) キカン　　　①技官　②季刊　③期間　④機関

6) キコウ　　　①機構　②気候　③寄稿　④技巧

7) キュウシン　①球審　②求人　③旧臣　④求心

8) キョヒ　　　①魚肥　②拒否　③巨費　④許否

9) クチョウ　　①愚衷　②口調　③区長　④句調

10) コウショウ　①交渉　②考証　③豪商　④口承

---

3. 아래의 밑줄 친 부분의 한어를 어떻게 읽는지 괄호 안에 히라가나로 써 넣으세요.

　　1) インドでは伝統的に苦行によって様々な神通力が得られると考えられている。

　　　　　　　　　　　　　　　　　　　　　　　　　　　　　（　　　　　）

　　2) 木村さんは鉄道軌道の設計を担当している。(　　　　)

　　3) 今年の大会は希望者寡少のため実施しない。(　　　　)

　　4) 部長は取引先の社長を名誉毀損で告訴した。(　　　　)

　　5) 忌避とは、あるものや事柄について嫌って避けることの意味である。(　　　　)

　　6) 二ヶ月前に始まった稽古も今日で最後だ。(　　　　)

　　7) 当院は矯正歯科治療を専門的に行っている。(　　　　)

　　8) 1964年の東京オリンピックで旗手を務めた方は浜田市出身であった。(　　　　)

　　9) シュバイツァー博士は医師の亀鑑ともいうべき人物だ。(　　　　)

　　10) ルソーは、18世紀のフランスの啓蒙思想家である。(　　　　)

4. 다음 밑줄 친 부분의 한자표기어를 어떻게 읽는지 괄호 안에 히라가나로 써 넣으세요.

　　1) これは自主的発展の芽を潰すことになりかねない。(　　　　)

　　2) 世の中には、食べ物がなくて飢える人がまだ多い。(　　　　)

　　3) 二世を契るとは、来世まで結ばれようと約束することである。(　　　　)

　　4) うちの店は店員を三人雇う予定だ。(　　　　)

　　5) 田中さんは取引先の要求を拒むつもりだ。(　　　　)

　　6) 枯れた枝をあつめて火をつけた。(　　　　)

　　7) 登頂を企てるには綿密な計画が必要だ。(　　　　)

　　8) 今度息子はすばらしい実績を誇る会社に入るようになった。(　　　　)

　　9) 喧嘩のせいで、二人の間に深い溝ができてしまった。(　　　　)

　　10) 自らを戒めるため毎日日記をつける。(　　　　)

　　한자 "山"에는 mountain이라는 의미가 포함되어 있다. 이 "山"이 다른 한자와 함께 일본에 전해졌을 때, 원래 일본어에 있던 mountain에 상당하는 말, 즉 원래부터 일본에 존재했던 고유어인 やまとことば인 "야마"와 연결되었다. 사물과 관념의 차이를 넘어 "山"이라는 한자는 원래의 음인 "산(サン)"이외에 "야마"로도 읽혀지게 되었다. 이리하여 훈독이 생겨나게 되었다.

　　이 훈독은 5세기부터 6세기경 한자가 본격적으로 전파되면서 생겨난 것으로, "한자를 원래 한자어가 아닌 말로 읽는 것"이며, "한자에 부여된 각각의 읽는 방법"을 의미한다. 일본에서 훈독이란 통상 한자의 의미에 대응하는 고유일본어를 말한다.

　　고분시대로부터 스이코(推古)천황 때에 걸쳐 한자를, 말을 표기하는 문자로 충분히 인식하는 사람들이 나타나기 시작했다.

　　예를 들어 『宋書』和国伝에 나오는 왜왕 "武"의 上表文(478年)을 보면 동쪽의 "毛人"이라는 표현이 나온다. 이것은 털이 많은 사람을 가리키는 것으로 "モウジン", "えみし・えびす" "けひと" 등으로 읽혀졌을 것으로 추측된다.

　　推古천황 15년(607)경에는 法隆寺의 金堂薬師如来像에 "薬師像作"라는 문구가 보인다. 한문훈독에 따르면 "作薬師像"가 되어야 하는데 "やくしぞうをつくる"와 같이 일본어의 어순에 따라 배열되어 있다. 이것을 통해 조선의 "誓記体"처럼 한자가 고유어로 훈독되었음을 엿 볼 수 있다.

　　『万葉集』에 이르러서는 詩를 쓰기 위한 여러 방식 안에서 다수의 훈독이 사용되었다. 그 중 柿本人麻呂 등에 의해 만들어진 나라시대 이전의 古歌에 이미 훈독이 나타났으며 만요가나 중에도 훈독이 활용되었다. 그 밖에 なつかし라는 고유일본어를 "夏樫"와 같이 훈독의 발음을 이용하여 표기하는 것도 나타났는데, 이를 통해 이 시점에서 훈독이 응용될 만큼 정착되었음을 짐작할 수 있다.

(笹原宏之著『訓読みのはなし』에 의함)

5. 다음 한자의 부수를 예에서 찾아 기호로 답하세요.

> 例
>
> ア. 石(いし)　　イ. 日(ひへん)　　ウ. 行(ぎょうがまえ)
>
> エ. 口(くち)　　オ. 車(くるまへん)

1) 暇(겨를 가)　　(　　)

2) 街(거리 가)　　(　　)

3) 器(그릇 기)　　(　　)

4) 較(비교할 교)　　(　　)

5) 碁(바둑 기)　　(　　)

6. 다음 한어의 구성이 예의 ア～オ 중에 어느 것에 해당하는 지 하나를 골라 기호로 답하세요.

> 例
>
> ア. 同じような意味の漢字を重ねたもの(岩石)
>
> イ. 反対または対応の意味を表す字を重ねたもの(高低)
>
> ウ. 前の字が後ろの字を修飾しているもの(洋画)
>
> エ. 後ろの字が前の字の目的語・補語になっているもの(着席)
>
> オ. 前の字が後ろの字の意味を打ち消しているもの(非常)

1) 誘拐ゆうかい　　(　　)

2) 憤慨ふんがい　　(　　)

3) 短歌たんか　　(　　)

4) 棄権きけん　　(　　)

5) 危惧きぐ　　(　　)

7. 다음 괄호 안에 두 글자 한어를 넣어 사자성어 한어를 완성시키세요.

1) (　　　　)無援 [ひとりぼっちで助けがないこと]

2) (　　　　)妄想 [実際以上に空想して事実と思い込む]

3) 佳人(　　　) [美人はとかく命が短いこと]

4) (　　　)令色 [こびへつらうこと]

5) 奇奇(　　　) [常識では考えられない不思議]

8. 다음 문에는 동일한 일본한자음이지만 틀리게 사용된 한자가 한 자 있다. 왼쪽 괄호에는 잘못 사용된 한자를, 오른쪽 괄호에는 올바른 한자를 써 넣으세요.

1) カロリーの果剰な摂取はよくない。　　　(　　) (　　)

2) あらゆる技法を句使して製作する。　　　(　　) (　　)

3) 地震で町は皆滅的な被害を受けた。　　　(　　) (　　)

4) 地球基模での環境破壊が進んでいる。　　　(　　) (　　)

5) 障害物を除挙しながら進んだ。　　　　　(　　) (　　)

Ⅴ. 정리하기

■ 일본 상용한자 2136자중 한국어 초성자음 [ㄱ]이 들어가고 받침이 없는 한자음
 • 한국어 초성자음이 [ㄱ]이고 받침이 없는 한자음은 일본 한자음에서 대부분 カ行으로 읽히고 일부분이 ガ行(ア行)으로 읽혀진다.
 • 한국어 초성자음이 [ㄱ]이고 받침이 없는 [거]과 [귀][기]는 1음절로만 읽혀진다.

■ 일본 상용한자 2136자중 한국어 초성자음 [ㄱ]이 들어가고 받침이 없는 한자의 훈독 단어학습

■ 일본 상용한자 2136자중 한국어 초성자음 [ㄱ]이 들어가고 받침이 없는 한자를 이용한 문제풀이
 • 한자 및 한어 음독 문제
 • 한자의 훈독, 부수, 한어구성, 사자성어, 오자정정 문제

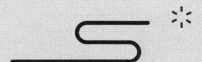

한국어 초성자음 [ㄱ][ㄲ]이 들어가고 받침이 있는 상용한자

학습목표

　이번 강의에서는 일본 상용한자 2136자 중 한국어 초성자음 [ㄱ][ㄲ]이 들어가고 받침이 있는 한자를 대상으로 한자의 음독, 훈독연습을 비롯해 다양한 문제를 풀어본다. 또한 일본 상용한자에 제시된 훈을 단어학습을 통해 세밀하게 학습한다.

　이렇게 함으로써 일본 상용한자에 익숙해 짐과 동시에 일본에서 실시하는 공인일본 한자능력검정시험 대비도 할 수 있도록 한다.

여기에서는 일본 상용한자 중 한국어 초성자음 [ㄱ][ㄲ]이 들어가고 받침이 있는 한자를 한국과 일본의 한자음의 대응관계를 통해서 학습한다.

◉ 일본 상용한자 중 한국어 초성자음 [ㄱ][ㄲ]이 들어가고 받침이 ㄱ인 한자음

각 カク　　　各(각각), 角(뿔), 閣(누각), 覚(覺)(깨달을), 殻(殼)(껍질)

　　　キャク　　却(물리칠)

　　　キャク/キャ　脚(다리)
　　　　　　　[예] 脚本(キャクホン)각본 / 脚立(キャタツ)八자 모양의 사다리

　　　コク　　　刻(새길)

객 キャク/カク　客(손님)
　　　　　　　[예] 乗客(ジョウキャク)승객 / 主客(シュカク)주객

격 ゲキ　　　激(부딪칠), 撃(擊)(칠)

　　　カク/コウ　格(격식)
　　　　　　　[예] 性格(セイカク)성격 / 格子(コウシ)격자

　　　カク　　　隔(막을)

곡 コク　　　谷(계곡), 穀(穀)(곡식)

　　　キョク　　曲(굽을)

곽 カク　　　郭(외성)

국 キク　　　菊(국화)

　　　キョク　　局(판)

　　　コク　　　国(國)(나라)

극 ゲキ　　　劇(심할), 隙(틈)

　　　コク　　　克(이길)

　　　キョク/ゴク　極(다할)

[예] 極限(キョクゲン)극한 / 極上(ゴクジョウ)극상

끽 キツ 喫(마실)

[정리]

1. 일본 상용한자 중 한국어 초성자음 [ㄱ][ㄲ]이 들어가고 받침이 있는 한자음의 1음절째는 대부분 カ行이고 일부분이 ガ行으로 발음된다.

2. 일본 상용한자 중 한국어 초성자음 [ㄱ][ㄲ]이 들어가고 받침이 ㄱ인 한자음은 특수한 경우를 제하면 일본어로는 대부분 2음절로 발음되고 2음절째는 ク가 오는 경우가 많다. 2음절째에 キ가 오는 한자는 激(부딪칠 격), 擊(擊)(칠 격), 劇(심할 극), 隙(틈 극)에 불과하다. 脚(다리 각)을 キャ로, 喫(마실 끽)을 キツ, 格(격식 격)을 コウ라고 읽는 것은 예외라고 볼 수 있다.

◉ 일본 상용한자 중 한국어 초성자음 [ㄱ]이 들어가고 받침이 ㄴ인 한자음

간 カン 刊(책 펴낼), 干(방패), 幹(줄기), 看(볼), 簡(편지), 肝(간)

    カン/ケン 間(사이)

    [예] 間隔(カンカク)간격 / 世間(セケン)세상

    コン 墾(개간할), 懇(정성)

건 カン 乾(마를)

    ケン 件(물건), 健(굳셀), 鍵(자물쇠)

    ケン/コン 建(세울)

    [예] 建築(ケンチク)건축 / 建立(コンリュウ)건립

    キン 巾(수건)

견 ケン 堅(굳을), 犬(개), 絹(비단), 繭(고치), 肩(肩)(어깨), 見(볼), 遣(遣)(보낼)

곤 コン 困(곤할), 昆(맏)

관 カン 関(關)(빗장), 冠(갓), 官(벼슬), 慣(버릇), 棺(관), 款(정성), 管(대롱), 貫(꿸), 館(館)(집), 缶(罐)(두레박), 寛(寬)(넓을), 観(觀)(볼)

군	クン	君(임금)
	グン	群(무리), 軍(군사), 郡(고을)
권	カン	勧(勸)(권할), 巻(卷)(책)
	ケン	券(券)(문서), 圏(圈)(우리), 拳(拳)(주먹)
	ケン/ゴン	権(權)(권세)
		예 権利(ケンリ)권리 / 権化(ゴンゲ)화신
균	キン	均(고를), 菌(세균)
근	キン	斤(도끼), 筋(힘줄), 近(近)(가까울), 謹(謹)(삼갈), 僅(겨우)
	コン	根(뿌리)
	キン/ゴン	勤(勤)(근면할)
		예 勤務(キンム)근무 / 勤行(ゴンギョウ)근행
긴	キン	緊(긴장할)

[정리]

1. 일본 상용한자 중 한국어 초성자음 [ㄱ]이 들어가고 받침이 있는 한자음의 1음절째는 대부분 カ行이고 일부분이 ガ行으로 발음된다.

2. 일본 상용한자 중 한국어 초성자음 [ㄱ]이 들어가고 받침이 ㄴ인 한자음은 일본어로는 2음절로 발음되고 2음절째는 ン으로 발음된다.

◎ 일본 상용한자 중 한국어 초성자음 [ㄱ]이 들어가고 받침이 ㄹ인 한자음

갈	カツ	喝(喝)(꾸짖을), 褐(褐)(털옷), 渇(渴)(목마를), 葛(葛)(칡)
걸	ケツ	傑(호걸)
결	ケツ	決(결단), 潔(깨끗할), 結(맺을), 欠(缺)(이지러질)
골	コツ	骨(뼈)
괄	カツ	括(묶을)
굴	クツ	屈(굽을), 掘(팔), 窟(굴)

길	キチ/キツ	吉(길할)
		예 大吉(ダイキチ)대길 / 不吉(フキツ)불길

정리 ──
1. 일본 상용한자 중 한국어 초성자음 [ㄱ]이 들어가고 받침이 있는 한자음의 1음절째는 力行으로 발음된다.
2. 일본 상용한자 중 한국어 초성자음 [ㄱ]이 들어가고 받침이 ㄹ인 한자음은 일본어로는 2음절로 발음되고 2음절째는 일반적으로 ツ로 발음된다. 吉(길할 길)은 キチ와 같이 2음절째가 チ로 발음될 때도 있다.

◎ 일본 상용한자 중 한국어 초성자음 [ㄱ]이 들어가고 받침이 ㅁ인 한자음

감	カン	勘(조사할), 堪(견딜), 感(느낄), 憾(한할), 敢(감히), 甘(달), 監(살필), 鑑(거울)
	ゲン	減(줄일)
	コン	紺(감색)
검	ケン	倹(儉)(검소할), 剣(劍)(칼), 検(檢)(검사할)
겸	ケン	兼(兼)(더할), 謙(謙)(겸손할)
금	キン	琴(거문고), 禁(금할), 襟(옷깃), 錦(비단)
	キン/コン	金(쇠), 今(이제)
		예 金属(キンゾク)금속 / 金色(コンジキ)금색(한문투)
		昨今(サッコン)작금 / 今上(キンジョウ)현재의 임금

정리 ──
1. 일본 상용한자 중 한국어 초성자음 [ㄱ]이 들어가고 받침이 있는 한자음의 1음절째는 대부분 力行이고 일부분이 ガ行으로 발음된다.
2. 일본 상용한자 중 한국어 초성자음 [ㄱ]이 들어가고 받침이 ㅁ인 한자음은 일본어로는 2음절로 발음되고 2음절째는 ン으로 발음된다.

◉ 일본 상용한자 중 한국어 초성자음 [ㄱ]이 들어가고 받침이 ㅂ인 한자음

갑	コウ/カン	甲(갑옷)
		예 装甲車(ソウコウシャ)장갑차 / 甲高い(カンダカイ)소리 높은
급	キュウ	及(미칠), 急(급할), 級(차례), 給(공급할)

정리

1. 일본 상용한자 중 한국어 초성자음 [ㄱ]이 들어가고 받침이 있는 한자음의 1음절째는 カ行으로 발음된다.

2. 일본 상용한자 중 한국어 초성자음 [ㄱ]이 들어가고 받침이 ㅂ인 한자음은 일본어로는 2음절로 발음되고 2음절째는 대부분 ウ로 발음된다. 甲高い(カンダカイ)의 경우 甲을 カン으로 읽는 것은 예외적이다.

◉ 일본 상용한자 중 한국어 초성자음 [ㄱ]이 들어가고 받침이 ㅇ인 한자음

강	コウ	康(편안할), 江(강), 綱(벼리), 講(익힐), 鋼(굳셀), 降(내릴)
	キョウ/ゴウ	強(強)(강할)
		예 強弱(キョウジャク)강약 / 強盗(ゴウトウ)강도
	ゴウ	剛(굳셀)
갱	コウ	坑(빠질), 更(고칠)
경	キョウ	鏡(거울), 驚(놀랄)
	ケイ	傾(기울), 慶(경사), 敬(존경할), 景(경치), 警(경계할), 径(徑)(지름길), 経(經)(지날), 茎(莖)(줄기), 軽(輕)(가벼울), 憬(깨달을)
	キョウ/ケイ	京(서울), 境(경계), 競(다툴)
		예 上京(ジョウキョウ)상경 / 京阪(ケイハン)동경과 오사카
		境界(キョウカイ)경계 / 境内(ケイダイ)경내
		競争(キョウソウ)경쟁 / 競馬(ケイバ)경마
	ゲイ	鯨(고래)
	コウ	硬(굳을), 耕(경작), 梗(대개)

공	キョウ	共(함께), 恐(두려울), 恭(공손할)
	キョウ/ク	供(이바지할)
		예 供給(キョウキュウ)공급 / 供養(クョウ)공양
	コウ	公(공평할), 孔(구멍), 控(당길), 攻(공격)
	コウ/ク	功(공), 工(장인), 貢(바칠)
		예 功績(コウセキ)공적 / 功德(クドク)공덕
		人工(ジンコウ)인공 / 大工(ダイク)목수
		貢献(コウケン)공헌 / 年貢(ネング)소작료
	クウ	空(하늘)
광	コウ	光(빛), 広(廣)(넓을), 鉱(鑛)(광물)
	キョウ	狂(미칠)
궁	キュウ	弓(활), 窮(다할)
	キュウ/グウ/ク	宮(궁궐)
		예 宮殿(キュウデン)궁전 / 神宮(ジングウ)신궁
		/ 宮内庁(クナイチョウ)궁내청
긍	コウ	肯(즐길)

정리

1. 일본 상용한자 중 한국어 초성자음 [ㄱ]이 들어가고 받침이 있는 한자음의 1음절째는 대부분 カ行이고 일부분이 ガ行으로 발음된다.

2. 일본 상용한자 중 한국어 초성자음 [ㄱ]이 들어가고 받침이 ㅇ인 한자음은 일본어로는 대부분 2음절로 발음되고 2음절째는 ウ 또는 イ로 발음되는 것이 일반적이다. 供(이바지할 공), 功(공 공), 工(장인 공), 貢(바칠 공), 宮(궁궐 궁)이 ク 1음절로 읽히는 것은 예외적이다.

脚本(<u>キャク</u>ホン) 각본 ‖ 脚立(<u>キャ</u>タツ) 八자 모양의 사다리

乗客(ジョウ<u>キャク</u>) 승객 ‖ 主客(シュ<u>カク</u>) 주객

性格(セイ<u>カク</u>) 성격 ‖ 格子(<u>コウ</u>シ) 격자

極限(<u>キョク</u>ゲン) 극한 ‖ 極上(<u>ゴク</u>ジョウ) 극상

間隔(<u>カン</u>カク) 간격 ‖ 世間(セ<u>ケン</u>) 세상

建築(<u>ケン</u>チク) 건축 ‖ 建立(<u>コン</u>リュウ) 건립

権利(<u>ケン</u>リ) 권리 ‖ 権化(<u>ゴン</u>ゲ) 화신

勤務(<u>キン</u>ム) 근무 ‖ 勤行(<u>ゴン</u>ギョウ) 근행

大吉(ダイ<u>キチ</u>) 대길 ‖ 不吉(フ<u>キツ</u>) 불길

金属(<u>キン</u>ゾク) 금속 ‖ 金色(<u>コン</u>ジキ) 금색(한문투)

昨今(サッ<u>コン</u>) 작금 ‖ 今上(<u>キン</u>ジョウ) 현재의 임금

装甲車(ソウ<u>コウ</u>シャ) 장갑차 ‖ 甲高い(<u>カン</u>ダカイ) 소리 높은

強弱(<u>キョウ</u>ジャク) 강약 ‖ 強盗(<u>ゴウ</u>トウ) 강도

上京(ジョウ<u>キョウ</u>) 상경 ‖ 京阪(<u>ケイ</u>ハン) 동경과 오사카

境界(<u>キョウ</u>カイ) 경계 ‖ 境内(<u>ケイ</u>ダイ) 경내

競争(<u>キョウ</u>ソウ) 경쟁 ‖ 競馬(<u>ケイ</u>バ) 경마

供給(<u>キョウ</u>キュウ) 공급 ‖ 供養(<u>ク</u>ヨウ) 공양

功績(<u>コウ</u>セキ) 공적 ‖ 功徳(<u>ク</u>ドク) 공덕

人工(ジン<u>コウ</u>) 인공 ‖ 大工(ダイ<u>ク</u>) 목수

貢献(<u>コウ</u>ケン) 공헌 ‖ 年貢(ネン<u>グ</u>) 소작료

宮殿(<u>キュウ</u>デン) 궁전 ‖ 神宮(ジン<u>グウ</u>) 신궁 ‖ 宮内庁(<u>ク</u>ナイチョウ) 궁내청

Ⅲ. 단어학습

☐ 各	おのおの	각각	☐ 角	つの	뿔
☐ 殻	から	껍질	☐ 脚	あし	다리
☐ 刻む	きざむ	새기다	☐ 激しい	はげしい	세차다
☐ 撃つ	うつ	치다	☐ 隔てる	へだてる	사이를 떼다
☐ 極める	きわめる	한도에 이르다	☐ 干す	ほす	말리다
☐ 幹	みき	줄기	☐ 肝	きも	간
☐ 懇ろだ	ねんごろだ	친절하고 공손하다	☐ 健やかだ	すこやかだ	건강하다
☐ 鍵	かぎ	자물쇠	☐ 堅い	かたい	굳세다
☐ 絹	きぬ	비단	☐ 繭	まゆ	누에고치
☐ 遣う	つかう	보내다	☐ 冠	かんむり	관
☐ 慣れる	なれる	익숙해지다	☐ 管	くだ	대롱
☐ 貫く	つらぬく	뚫다	☐ 群れる	むれる	떼를 짓다
☐ 勧める	すすめる	권하다	☐ 拳	こぶし	주먹
☐ 筋	すじ	힘줄	☐ 謹む	つつしむ	삼가하다
☐ 僅か	わずか	겨우	☐ 渇く	かわく	목마르다
☐ 葛	くず	칡	☐ 潔い	いさぎよい	깨끗하다
☐ 括る	くくる	묶다	☐ 掘る	ほる	파다
☐ 堪える	たえる	견디다	☐ 剣	つるぎ	검
☐ 琴	こと	거문고	☐ 襟	えり	옷깃
☐ 錦	にしき	비단	☐ 及ぶ	およぶ	미치다
☐ 綱	つな	밧줄	☐ 更ける	ふける	깊어지다
☐ 鏡	かがみ	거울	☐ 傾く	かたむく	기울다
☐ 敬う	うやまう	존경하다	☐ 茎	くき	줄기
☐ 境	さかい	경계	☐ 競う	きそう	다투다
☐ 鯨	くじら	고래	☐ 硬い	かたい	단단하다
☐ 耕す	たがやす	경작하다	☐ 恭しい	うやうやしい	공손하다
☐ 供える	そなえる	바치다	☐ 公	おおやけ	조정, 정부
☐ 控える	ひかえる	대기시키다	☐ 攻める	せめる	공격하다
☐ 貢ぐ	みつぐ	바치다	☐ 狂う	くるう	미치다
☐ 窮める	きわめる	다하다	☐ 宮	みや	궁궐

1. 가타카나로 제시된 음과 다르게 읽히는 한자를 고르세요.

   1) カク   ① 隔 ② 却 ③ 角 ④ 覚

   2) カツ   ① 褐 ② 渇 ③ 喝 ④ 骨

   3) カン   ① 刊 ② 幹 ③ 懇 ④ 冠

   4) キョウ ① 驚 ② 狂 ③ 鋼 ④ 恐

   5) キン   ① 君 ② 緊 ③ 菌 ④ 謹

   6) ケツ   ① 決 ② 結 ③ 欠 ④ 括

   7) ケン   ① 健 ② 圏 ③ 均 ④ 券

   8) コウ   ① 耕 ② 鯨 ③ 鉱 ④ 肯

   9) コク   ① 谷 ② 刻 ③ 穀 ④ 局

   10) コン   ① 棺 ② 墾 ③ 根 ④ 昆

2. 가타카나로 제시된 음과 다르게 읽히는 한어를 고르세요.

   1) カクシ   ① 各誌 ② 客思 ③ 核子 ④ 楽士

   2) カンサ   ① 環座 ② 監査 ③ 姦詐 ④ 鑑査

   3) カンシ   ① 幹事 ② 監視 ③ 冠詞 ④ 干支

   4) キュウデン ① 宮殿 ② 給電 ③ 急電 ④ 急転

   5) キョウジョウ ① 教場 ② 狭小 ③ 凶状 ④ 橋上

   6) ケツジョウ ① 欠場 ② 月商 ③ 決定 ④ 結縄

   7) ケンシ   ① 検視 ② 絹糸 ③ 原始 ④ 剣士

   8) コウドウ   ① 公道 ② 講堂 ③ 高騰 ④ 坑道

   9) コクジ   ① 国事 ② 獄死 ③ 刻字 ④ 告示

   10) コンジョウ ① 根性 ② 懇情 ③ 言上 ④ 今生

面接で、「{御社VS.貴社}を希望した理由は・・・」、どっち?

　「御社」と「貴社」はどちらも相手を高めてその会社をいう尊敬語。「御社」が「御社を志望した理由は・・・」など多く口頭で使われるのに対し、「貴社」は「貴社の御発展をお祈りいたします」などと多くは書面で使われる。口頭で「貴社」と言うのは少し堅苦しく、面接では「御社」と言うほうが自然である。

(北原保雄編『問題な日本語　その4』による)

3. 아래의 밑줄 친 부분의 한어를 어떻게 읽는지 괄호 안에 히라가나로 써 넣으세요.

　1) ついに覚悟を決める時が来た。(　　　　)

　2) 医療行為として感染症の防止のために隔離が行われることがある。(　　　　)

　3) 克服とは、努力して困難にうちかつことの意味である。(　　　　)

　4) 木村さんからのメールはやたら短く簡潔だった。(　　　　)

　5) 各種約款のダウンロードはこちらからお願いいたします。(　　　　)

　6) 最近、恐喝・脅迫事件関連のニュースが多くなった。(　　　　)

　7) ついに国連も阿部首相の靖国参拝に遺憾の意を表明した。(　　　　)

　8) まず、最高階級から一挙に羅列します。(　　　　)

　9) このサイトを通してノボル鋼鉄株式会社のさまざまな情報がご覧いただけます。

(　　　　)

　10) 所得控除はダイレクトに所得税に影響する。(　　　　)

4. 다음 밑줄 친 부분의 한자표기어를 어떻게 읽는지 괄호 안에 히라가나로 써 넣으세요.

　1) 映画で登場人物が水中で銃を撃つシーンがあった。(　　　)

　2) この団体は誰もが生涯安心して健やかに暮らせるモデル的な町づくりの実現を目指している。(　　　)

　3) よく自分の信念を貫く人はかっこいいみたいに言われる。(　　　　)

　4) 拳とは、指を折り曲げ、握った状態の手のことである。(　　　　)

5) 木村さんは、軽はずみな行動は謹むべきだという批判を受けた。（　　）

6) このパワーを得るためには、まず自分の腹を括ることが必要だと思う。（　　）

7) 日本の猛暑に堪える外国人の反応を調べてみた。（　　）

8) いつも夫のワイシャツは襟汚れ専用洗剤を使用する。（　　）

9) この博物館には鯨の生態や捕鯨に関する学習・教育資料などが展示されている。

（　　）

10) 大根の形や大きさ、葉の色、バランスなどを競う品評会が新宿デパートで開かれた。

（　　）

　　国訓의 탄생

　　중국에서 전해진 한자의 음독, 즉 한자음(字音)은 일본어의 음운에 영향을 끼치는 한편 한자가 전해진 이른 시기부터 본래의 발음이 일본어로 자연스럽게 느껴지는 소리로 변화되었을 것으로 여겨진다. 글자의 의미나 숙어 등 문자열의 경우도 마찬가지로, 이러한 일본화 현상의 배경에는 일본어를 표기하기 위해서 한자를 자유자재로 사용하려는 노력이 있었을 것이다. 이러한 상황하에서 中国製漢字가 갖는 자의를 일본에서 확장시키고, 파생·전화시켜 이른바 国訓이 나타나게 되었다. 일본에서 만든 字義라고 할 수 있을 것이다.

　　예를 들어, 한자의 '首'를 수장이나 가바네(姓: 고대 호족의 세습호칭) 중 하나를 의미하는 명사 '오비토(おびと)'에 대응시키는 용법은 668년의 '동제선씨왕후묘지(銅製船氏王後墓誌)'에 보인다.

　　중국과 조선에는 '首'에 '오비토'에 해당하는 字義는 존재하지 않는데, 일본에서 당시부터 이 같은 훈으로 읽었다고 한다면, 일본에서의 의미나 용법의 전화, 또는 '수장(首長)', '수령(首領)'이라는 숙어를 생략한 용법으로 볼 수 있을 것이다. 그렇다면 이는 국훈의 이른 시기의 예가 될 것이다. 만약 '슈'와 같이 字音으로 읽혔다 하더라도 이와 같이 일본에서 독자적으로 부여된 자 그 자체는 국훈이라고 부를 수 있을 것이다.

(笹原宏之著『訓読みのはなし』による)

5. 다음 한자의 부수를 예에서 찾아 기호로 답하세요.

> ― 例 ―――――――――――――――――――――――――――
>
> ア. 貝(かい)   イ. 禾(のぎ)   ウ. 日(ひ)   エ. 穴(あなかんむり)
>
> オ. 八(はちがしら)

1) 穀(곡식 곡)   (   )

2) 昆(맏 곤)   (   )

3) 窟(굴 굴)   (   )

4) 兼(더할 겸)   (   )

5) 貢(바칠 공)   (   )

6. 다음 한어의 구성이 예의 ア～オ 중에 어느 것에 해당하는 지 하나를 골라 기호로 답하세요.

> ― 例 ―――――――――――――――――――――――――――
>
> ア. 同じような意味の漢字を重ねたもの(岩石)
>
> イ. 反対または対応の意味を表す字を重ねたもの(高低)
>
> ウ. 前の字が後ろの字を修飾しているもの(洋画)
>
> エ. 後ろの字が前の字の目的語・補語になっているもの(着席)
>
> オ. 前の字が後ろの字の意味を打ち消しているもの(非常)

1) 緊迫きんぱく   (   )

2) 功罪こうざい   (   )

3) 克己こっき   (   )

4) 謹呈きんてい   (   )

5) 寛厳かんげん   (   )

7. 다음 괄호 안에 두 글자 한어를 넣어 사자성어 한어를 완성시키세요.

1) (   )術数 [人をあざむくためのはかりごと]

2) (   )葬祭 [慶弔の儀式]

3) 鯨飲(　　　) [一度にたくさん飲み食いする]

4) (　　　)割拠 [多くの実力者が対立し合う]

5) 勧善(　　　) [善行を勧め励まし悪行を懲らしめる]

8. 다음 문에는 동일한 일본한자음이지만 틀리게 사용된 한자가 한 자 있다. 왼쪽 괄호에는 잘못 사용된 한자를, 오른쪽 괄호에는 올바른 한자를 써 넣으세요.

1) 江戸時代には飛却が手紙を運んだ。　　　(　　) (　　)

2) 交通渋滞は年々緩和する軽向にある。　　　(　　) (　　)

3) 事故の衝激的な映像が流された。　　　　　(　　) (　　)

4) 手にしていた花瓶が恐器となった。　　　　(　　) (　　)

5) 極端なダイエットに敬鐘を鳴らす。　　　　(　　) (　　)

Ⅴ. 정리하기

▌일본 상용한자 2136자중 한국어 초성자음 [ㄱ][ㄲ]이 들어가고 받침이 있는 한자음

1. 일본 상용한자 중 한국어 초성자음 [ㄱ][ㄲ]이 들어가고 받침이 있는 한자음의 1음절째는 대부분 カ行이고 일부분이 ガ行으로 발음된다.

2. 일본 상용한자 중 한국어 초성자음 [ㄱ][ㄲ]이 들어가고 받침이 ㄱ인 한자음은 특수한 경우를 제하면 일본어로는 대부분 2음절로 발음되고 2음절째는 ク가 오는 경우가 많다. 2음절째에 キ가 오는 한자는 激(부딪칠 격),撃(擊)(칠 격),劇(심할 극),隙(틈 극)에 불과하다. 脚(다리 각)을 キャ로, 喫(마실 끽)을 キツ,格(격식 격)을 コウ라고 읽는 것은 예외라고 볼 수 있다.

3. 일본 상용한자 중 한국어 초성자음 [ㄱ]이 들어가고 받침이 ㄴ인 한자음은 일본어로는 2음절로 발음되고 2음절째는 ン으로 발음된다.

4. 일본 상용한자 중 한국어 초성자음 [ㄱ]이 들어가고 받침이 ㄹ인 한자음은 일본어로는 2음절로 발음되고 2음절째는 일반적으로 ツ로 발음된다. 吉(길할 길)은 キチ와 같이 2음절째가 チ로 발음될 때도 있다.

5. 일본 상용한자 중 한국어 초성자음 [ㄱ]이 들어가고 받침이 ㅁ인 한자음은 일본어

로는 2음절로 발음되고 2음절째는 ン으로 발음된다.

6. 일본 상용한자 중 한국어 초성자음 [ㄱ]이 들어가고 받침이 ㅂ인 한자음은 일본어로는 2음절로 발음되고 2음절째는 대부분 ウ로 발음된다. 甲高い(カンダカイ)의 경우 甲을 カン으로 읽는 것은 예외적이다.

7. 일본 상용한자 중 한국어 초성자음 [ㄱ]이 들어가고 받침이 ㅇ인 한자음은 일본어로는 대부분 2음절로 발음되고 2음절째는 ウ 또는 イ로 발음되는 것이 일반적이다. 供(이바지할 공), 功(공 공), 工(장인 공), 貢(바칠 공), 宮(궁궐 궁)이 ク 1음절로 읽히는 것은 예외적이다.

❚ 일본 상용한자 2136자중 한국어 초성자음 [ㄱ]이 들어가고 받침이 있는 한자의 훈독 단어학습

❚ 일본 상용한자 2136자중 한국어 초성자음 [ㄱ]이 들어가고 받침이 있는 한자를 이용한 문제풀이
  • 한자 및 한어 음독 문제
  • 한자의 훈독, 부수, 한어구성, 사자성어, 오자정정 문제

제3과

한국어 초성자음 [ㅇ]이 들어가는 상용한자

학습목표

이번 강의에서는 일본 상용한자 2136자 중 한국어 초성자음 [ㅇ]이 들어가는 한자를 대상으로 한자의 음독, 훈독연습을 비롯해 다양한 문제를 풀어본다. 또한 일본 상용한자에 제시된 훈을 단어학습을 통해 세밀하게 학습한다.

이렇게 함으로써 일본 상용한자에 익숙해 짐과 동시에 일본에서 실시하는 공인일본한자능력검정시험 대비도 할 수 있도록 한다.

일본 상용한자 중 한국어 초성자음 [ㅇ]이 들어가는 한자음을 한국과 일본의 한자음의 대응관계를 통해서 학습한다.

◎ 일본 상용한자 중 한국어 초성자음 [ㅇ]이 들어가고 받침이 없는 한자음

아　ア　　　　亜(亞)(버금)

　　　ガ　　　　我(나), 芽(싹), 雅(아담할), 餓(주릴)

　　　ガ/ゲ　　　牙(어금니)
　　　　　　　　예 牙城(ガジョウ)아성 / 牙彫り(ゲボリ)상아조각

　　　ジ/ニ　　　児(兒)(아이)
　　　　　　　　예 児童(ジドウ)아동 / 小児科(ショウニカ)소아과

애　アイ　　　哀(슬플), 愛(사랑), 曖(가릴), 挨(두들길)

　　　ガイ　　　涯(물가), 崖(벼랑)

야　ヤ　　　　夜(밤), 野(들), 冶(풀무)

어　ギョ/ゴ　　御(어거할)
　　　　　　　　예 御意(ギョイ)존의 / 御苦労(ゴクロウ)수고

　　　ギョ/リョウ　漁(물고기 잡을)
　　　　　　　　예 漁業(ギョギョウ)어업 / 漁師(リョウシ)어부

　　　ギョ　　　魚(고기)

　　　ゴ　　　　語(말씀)

여　ヨ　　　　余(餘)(남을), 与(與)(줄)

　　　ジョ/ニョ　如(같을)
　　　　　　　　예 欠如(ケッジョ)결여 / 如実(ニョジツ)사실과 똑같음

예　エイ　　　鋭(날카로울)

　　　ケイ　　　詣(이를)

	ゲイ	芸(藝)(재주)
	ヨ	予(豫)(미리), 預(미리), 誉(譽)(기릴)
오	オ	汚(더러울)
	オウ	奥(奥)(아랫목)
	ゴ	五(다섯), 午(낮), 悟(깨달을), 誤(그릇될), 呉(나라이름), 娯(즐거워할)
	ゴウ	傲(거만할)
와	カ	渦(소용돌이)
	ガ	瓦(기와)
외	ガイ/ゲ	外(바깥)
		예 外出(ガイシュツ)외출 / 外科(ゲカ)외과
	イ	畏(두려워할)
요	ヨウ	妖(아리따울), 曜(빛날), 窯(가마), 腰(허리), 要(중요할), 揺(搖)(흔들), 謡(謠)(노래)
	オウ	凹(오목할)
우	ウ/ユウ	右(오른)
		예 右折(ウセツ)우회전 / 左右(サユウ)좌우
	ウ	宇(집), 羽(깃), 雨(비)
	ギュウ	牛(소)
	グ	愚(어리석을)
	グウ	偶(짝), 遇(만날), 隅(모퉁이)
	ユウ	優(넉넉할), 友(벗), 憂(근심할), 郵(우편)
위	イ	位(벼슬), 偉(위대할), 委(맡길), 威(위엄), 尉(벼슬), 慰(위로할), 緯(씨줄), 囲(圍)(둘레), 為(爲)(할), 萎(시들), 違(違)(어길)
	エイ	衛(호위할)
	キ	危(위태로울)
	ギ	偽(僞)(거짓)

유	イ	維(잡아맬)
	イ/ユイ	遺(遺)(끼칠)
		예 遺産(イサン)유산 / 遺言(ユイゴン)유언
	ジュ	儒(선비)
	ニュウ	乳(젖)
	ジュウ/ニュウ	柔(부드러울)
		예 柔軟(ジュウナン)유연 / 柔和(ニュウワ)유화
	ユ	愉(즐거울), 油(기름), 癒(병나을), 諭(깨우칠), 喩(깨칠)
	ユ/ユウ/ユイ	由(말미암을)
		예 経由(ケイユ)경유 / 自由(ジユウ)자유 / 由緒(ユイショ)유서
	ユイ/イ	唯(오직)
		예 唯一(ユイイツ)유일 / 唯々諾々(イイダクダク)유유낙낙
	ユウ	幽(그윽할), 悠(멀), 猶(오히려), 裕(넉넉할), 誘(꾈)
	ユウ/ウ	有(있을)
		예 有益(ユウエキ)유익 / 有無(ウム)유무
	ユウ/ユ	遊(遊)(놀)
		예 遊戯(ユウギ)유희 / 遊山(ユサン)산이나 들로 놀러 나감.
	ヨウ	幼(어릴)
의	イ/エ	依(의지할)
		예 依頼(イライ)의뢰 / 帰依(キエ)귀의
	イ	意(뜻), 衣(옷), 医(醫)(의원), 椅(걸상)
	ギ	儀(모양), 宜(마땅할), 擬(헤아릴), 疑(의심), 義(뜻), 議(의논할)
이	イ	以(써), 異(다를), 移(움직일)
	ジ	耳(귀), 餌(먹이)
	ニ	二(두)

1. 일본 상용한자 중 한국어 초성자음 [ㅇ]이 들어가고 받침이 없는 한자음의 1음절째는 대부분 ア行과 ガ行이며 일부 ザ行, ナ行, ヤ行으로 나타난다. 그 밖에 カ行, ラ行으로 표기되는 예는 예외적이라고 볼 수 있다.

2. 받침이 없는 예 중에서는 リョウ漁(물고기 잡을 어), カ渦(소용돌이 와), キ危(위태로울 위), ケイ詣(이를 예)는 예외적이다.

◉ 일본 상용한자 중 한국어 초성자음 [ㅇ]이 들어가고 받침이 ㄱ인 한자음

악   アク   握(쥘)

   アク/オ   悪(惡)(악할, 미워할(오))

      예 悪意(アクイ)악의 / 悪寒(オカン)오한

   ガク   岳(嶽)(큰산), 顎(턱)

   ガク/ラク   楽(樂)(풍류,즐거울(락))

      예 音楽(オンガク)음악 / 娯楽(ゴラク)오락

액   エキ   液(액체)

   ガク   額(이마)

   ヤク   厄(재앙)

약   ジャク   弱(약할)

   ヤク   躍(뛸), 薬(藥)(약), 約(맺을)

   ジャク/ニャク   若(젊을)

      예 若年(ジャクネン)약년 / 老若(ロウニャク)노소

억   オク   億(억), 憶(생각할), 臆(가슴)

   ヨク   抑(누를)

역   イキ   域(지경)

   エキ/イ   易(바꿀,쉬울(이))

      예 貿易(ボウエキ)무역 / 容易(ヨウイ)용이

エキ/ヤク	疫(염병)
	예 疫病(エキビョウ)역병 / 疫病神(ヤクビョウガミ)역신, 돌림쟁이
エキ	駅(驛)(정거장)
ギャク	逆(逆)(거스를)
ヤク/エキ	役(부릴)
	예 役目(ヤクメ)역할 / 兵役(ヘイエキ)병역
ヤク	訳(譯)(역)

옥 オク 屋(집)

ヨク 沃(비옥할)

ギョク 玉(구슬)

ゴク 獄(옥)

욕 ジョク 辱(욕)

ヨク 欲(바랄), 浴(목욕할)

육 イク 育(기를)

ニク 肉(고기)

익 エキ/ヤク 益(더할)

예 有益(ユウエキ)유익 / 御利益(ゴリヤク)부처 등이 인간에게 주는 은혜

ヨク 翌(다음날), 翼(날개)

[정리]

1. 일본 상용한자 중 한국어 초성자음 [ㅇ]이 들어가고 받침이 ㄱ인 한자음의 1음절째는 대부분 ア行과 ガ行이며 일부 ザ行, ナ行, ヤ行으로 나타나는 경우도 있다.

2. 일본 상용한자 중 한국어 초성자음 [ㅇ]이 들어가고 받침이 ㄱ인 한자음은 일본어 로는 2음절로 발음되고 2음절째는 ク가 오는 경우가 많다. 2음절째에 キ가 오는 한자는 エキ液(액체 액), イキ域(지경 역), エキ易(바꿀 역), エキ疫(염병 역), エキ 駅(驛)(정거장 역), エキ役(부릴 역), エキ益(더할 익) 자이다. 悪(惡)을 オ, 楽(樂) 을 ラク, 易을 イ로 읽는 것은 음이 각각 미워할(오), 즐거울(락), 쉬울(이) 일 때이 므로 예외적인 음이라고는 볼 수 없다.

안　アン　　　　安(편할), 案(책상)

　　　ガン　　　　岸(언덕), 顔(얼굴)

　　　ガン/ゲン　　眼(눈)

　　　　　　　　예 眼球(ガンキュウ)안구 / 開眼(カイゲン)개안

언　ゲン/ゴン　言(말씀)

　　　　　　　　예 言論(ゲンロン)언론 / 無言(ムゴン)무언

연　エン　　　　宴(잔치), 延(끌), 沿(내려갈), 演(넓힐), 煙(연기), 鉛(납), 縁(緣)(인연)

　　　ケン　　　　研(研)(갈)

　　　ゼン/ネン　然(그러할)

　　　　　　　　예 自然(シゼン)자연 / 天然(テンネン)천연

　　　ナン　　　　軟(연할)

　　　ネン　　　　燃(불탈)

온　オン　　　　温(溫)(따뜻할), 穏(穩)(평온할)

완　カン　　　　完(완전할), 緩(느슨할)

　　　ガン　　　　頑(완고할), 玩(희롱할)

　　　ワン　　　　腕(팔)

운　イン　　　　韻(운치)

　　　ウン　　　　運(運)(움직일), 雲(구름)

원　イン　　　　員(수효), 院(집)

　　　エン　　　　円(圓)(둥글), 園(동산), 援(도울), 猿(원숭이), 媛(미녀),

　　　エン/オン　遠(遠)(멀), 怨(원망할)

　　　　　　　　예 遠近(エンキン)원근 / 久遠(クオン)무궁

　　　　　　　　　怨声(エンセイ)원성 / 怨念(オンネン)원념

　　　ガン　　　　願(원할)

　　　ゲン/ガン　元(으뜸)

[예] 元素(ゲンソ)원소 / 元祖(ガンソ)원조

	ゲン	原(근본), 源(근원)
윤	ジュン	潤(윤택할)
은	イン	隱(隱)(숨을)
	オン	恩(은혜)
	ギン	銀(은)
인	イン	印(도장), 因(인할), 姻(혼인), 引(끌), 咽(목구멍)
	ジン/ニン	人(사람)

[예] 人員(ジンイン)인원 / 人情(ニンジョウ)인정

	ジン/ニ	仁(어질)

[예] 仁義(ジンギ)의리 / 仁王(ニオウ)인왕

	ジン	刃(刃)(칼날)
	ニン	忍(忍)(참을), 認(認)(인정할)

정리

1. 일본 상용한자 중 한국어 초성자음 [ㅇ]이 들어가고 받침이 ㄴ인 한자음의 1음절째는 대부분 ア行과 ガ行이며 일부 ザ行、ナ行、ヤ行으로 나타나는 경우도 있다. カ行、ワ行은 예외적이라고 할 수 있다.

2. 일본 상용한자 중 한국어 초성자음 [ㅇ]이 들어가고 받침이 ㄴ인 한자음은 대부분 일본어로 2음절로 발음되고 2음절째는 ン이다. 유일하게 仁王(ニオウ)인왕의 예일 때만 예외적으로 仁을 ニ인 1음절로 발음한다.

◉ 일본 상용한자 중 한국어 초성자음 [ㅇ]이 들어가고 받침이 ㄹ인 한자음

알	エツ	謁(謁)(아뢸)
열	エツ	悦(기쁠), 閲(검열할)
	ネツ	熱(열)
울	ウツ	鬱(답답할)

월	エツ	越(넘을)
	ゲツ/ガツ	月(달)
		例 今月(コンゲツ)이번 달 / 正月(ショウガツ)정월
을	オツ	乙(둘째)
일	イチ/イツ	一(하나)
		例 第一(ダイイチ)제일 / 統一(トウイツ)통일
	イツ	逸(逸)(편안한)
	ニチ/ジツ	日(날)
		例 毎日(マイニチ)매일 / 平日(ヘイジツ)평일

[정리]

1. 일본 상용한자 중 한국어 초성자음 [ㅇ]이 들어가고 받침이 ㄹ인 한자음의 1음절째는 대부분 ア行과 ガ行이며 일부 ザ行, ナ行으로 나타나는 경우도 있다.

2. 일본 상용한자 중 한국어 초성자음 [ㅇ]이 들어가고 받침이 ㄹ인 한자음은 일본어로 2음절로 발음되고 2음절째는 대부분 ツ이다. 一(하나 일), 日(날 일)의 경우에만 2음절째가 チ로도 발음된다.

◎ 일본 상용한자 중 한국어 초성자음 [ㅇ]이 들어가고 받침이 ㅁ인 한자음

암	アン	暗(어두울)
	ガン	岩(바위)
엄	ゲン/ゴン	厳(嚴)(엄할)
		例 厳格(ゲンカク)엄격 / 荘厳(ソウゴン)장엄
염	エン	炎(불꽃), 塩(鹽)(소금), 艶(예쁠)
	セン	染(물들일)
음	イン	陰(그늘), 飲(飮)(마실), 淫(음란할)
	オン/イン	音(소리)
		例 音楽(オンガク)음악 / 福音(フクイン)복음

	ギン	吟(읊을)
임	チン	賃(품팔이)
	ニン	任(맡길), 妊(아이 밸)

정리

1. 일본 상용한자 중 한국어 초성자음 [ㅇ]이 들어가고 받침이 ㅁ인 한자음의 1음절째는 대부분 ア行과 ガ行이며 일부 ナ行으로 나타나는 경우도 있다. 1음절째가 セ、チ로 읽히는 セン 染(물들일 염), チン 賃(품팔이 임)은 예외적이라고 할 수 있으므로 외워둘 필요가 있다.

2. 일본 상용한자 중 한국어 초성자음 [ㅇ]이 들어가고 받침이 ㅁ인 한자음은 일본어로 2음절로 발음되고 2음절째는 ン이다.

◉ 일본 상용한자 중 한국어 초성자음 [ㅇ]이 들어가고 받침이 ㅂ인 한자음

압	アツ	圧(壓)(누를)
	オウ	押(누를)
업	ギョウ/ゴウ	業(업)
		예 業績(ギョウセキ)업적/自業自得(ジゴウジトク)자업자득
엽	ヨウ	葉(나뭇잎)
읍	キュウ	泣(울)
입	ニュウ	入(들)

정리

1. 일본 상용한자 중 한국어 초성자음 [ㅇ]이 들어가고 받침이 ㅂ인 한자음의 1음절째는 대부분 ア行과 ガ行이며 일부 ナ行, ヤ行으로 나타나는 경우도 있다. 泣(울읍)자는 カ行으로 예외적이다.

2. 일본 상용한자 중 한국어 초성자음 [ㅇ]이 들어가고 받침이 ㅂ인 한자음은 일본어로 2음절로 발음되고 2음절째는 대부분 ウ이다. 圧(壓)(누를 압)자만이 アツ로 2음절째를 ツ로 읽고 있다.

◉ 일본 상용한자 중 한국어 초성자음 [ㅇ]이 들어가고 받침이 ㅇ인 한자음

앙	オウ	央(가운데)
	ギョウ/コウ	仰(우러를)
		예 仰視(ギョウシ)우러러봄 / 信仰(シンコウ)신앙
앵	オウ	桜(櫻)(앵두나무)
양	ジョウ	壌(壤)(흙), 嬢(孃)(계집애), 譲(讓)(사양할), 醸(釀)(빚을)
	ヨウ	揚(날릴), 洋(큰바다), 羊(양), 陽(볕), 養(기를), 様(樣)(모양), 瘍(종기)
영	エイ	影(그림자), 映(비칠), 永(길), 泳(헤엄칠), 英(꽃부리), 詠(읊을), 営(營)(경영할), 栄(榮)(영화)
	ゲイ	迎(迎)(맞을)
옹	オウ	翁(늙을)
	ヨウ	擁(안을)
왕	オウ	往(갈), 王(임금), 旺(왕성할)
용	ジョウ	冗(쓸데없을)
	ユウ	勇(날랠), 湧(물솟을)
	ヨウ	容(얼굴), 庸(쓸), 溶(녹일), 用(쓸), 踊(뛸)
웅	ユウ	雄(수컷)
융	ユウ	融(화할)
응	オウ	応(應)(응할)
	ギョウ	凝(엉길)
잉	ジョウ	剰(剩)(남을)

정리

1. 일본 상용한자 중 한국어 초성자음 [ㅇ]이 들어가고 받침이 ㅇ인 한자음의 1음절째는 대부분 ア行과 ガ行이며 일부 ザ行, ナ行, ヤ行으로 나타나는 경우도 있다. 예외적으로 カ行으로 읽히는 경우도 있다.

2. 일본 상용한자 중 한국어 초성자음 [ㅇ]이 들어가고 받침이 ㅇ인 한자음은 일본어로
   2음절로 발음되고 2음절째는 대부분 ウ이다. [영]자만이 2음절째를 イ라고 읽고 있다.

 Ⅱ. 동자이음한자(同字異音漢字)

牙城(<u>ガ</u>ジョウ) 아성 ‖ 牙彫り(<u>ゲ</u>ボリ) 상아조각

児童(<u>ジ</u>ドウ) 아동 ‖ 小児科(ショウ<u>ニ</u>カ) 소아과

御意(<u>ギョイ</u>) 존의 ‖ 御苦労(<u>ゴ</u>クロウ) 수고

漁業(<u>ギョ</u>ギョウ) 어업 ‖ 漁師(<u>リョウ</u>シ) 어부

欠如(ケツ<u>ジョ</u>) 결여 ‖ 如実(<u>ニョ</u>ジツ) 있는 그대로임

外出(<u>ガイ</u>シュツ) 외출 ‖ 外科(<u>ゲ</u>カ) 외과

右折(<u>ウ</u>セツ) 우회전 ‖ 左右(サ<u>ユウ</u>) 좌우

遺産(<u>イ</u>サン) 유산 ‖ 遺言(<u>ユイ</u>ゴン) 유언

柔軟(<u>ジュウ</u>ナン) 유연 ‖ 柔和(<u>ニュウ</u>ワ) 유화

経由(ケイ<u>ユ</u>) 경유 ‖ 自由(ジ<u>ユウ</u>) 자유 ‖ 由緒(<u>ユイ</u>ショ) 유서

唯一(<u>ユイ</u>イチ) 유일 ‖ 唯々諾々(<u>イイ</u>ダクダク) 유유낙낙

有益(<u>ユウ</u>エキ) 유익 ‖ 有無(<u>ウ</u>ム) 유무

遊戯(<u>ユウ</u>ギ) 유희 ‖ 遊山(<u>ユ</u>サン) 산이나 들로 놀러 나감

依頼(<u>イ</u>ライ) 의뢰 ‖ 帰依(キ<u>エ</u>) 귀의

悪意(<u>アク</u>イ) 악의 ‖ 悪寒(<u>オ</u>カン) 오한

音楽(オン<u>ガク</u>) 음악 ‖ 娯楽(ゴ<u>ラク</u>) 오락

若年(<u>ジャク</u>ネン) 약년 ‖ 老若(ロウ<u>ニャク</u>) 노소

貿易(ボウ<u>エキ</u>) 무역 ‖ 容易(ヨウ<u>イ</u>) 용이

疫病(<u>エキ</u>ビョウ) 역병 ‖ 疫病神(<u>ヤク</u>ビョウガミ) 돌림쟁이

役目(<u>ヤク</u>メ) 역할 ‖ 兵役(ヘイ<u>エキ</u>) 병역

有益(ユウエキ) 유익 ‖ 御利益(ゴリヤク) 부처 등이 인간에게 주는 은혜

眼球(ガンキュウ) 안구 ‖ 開眼(カイゲン) 개안

言論(ゲンロン) 언론 ‖ 無言(ムゴン) 무언

自然(シゼン) 자연 ‖ 天然(テンネン) 천연

遠近(エンキン) 원근 ‖ 久遠(クオン) 무궁

怨声(エンセイ) 원성 ‖ 怨念(オンネン) 원념

元素(ゲンソ) 원소 ‖ 元祖(ガンソ) 원조

人員(ジンイン) 인원 ‖ 人情(ニンジョウ) 인정

仁義(ジンギ) 의리 ‖ 仁王(ニオウ) 인왕

今月(コンゲツ) 이번 달 ‖ 正月(ショウガツ) 정월

第一(ダイイチ) 제일 ‖ 統一(トウイツ) 통일

毎日(マイニチ) 매일 ‖ 平日(ヘイジツ) 평일

厳格(ゲンカク) 엄격 ‖ 荘厳(ソウゴン) 장엄

音楽(オンガク) 음악 ‖ 福音(フクイン) 복음

業績(ギョウセキ) 업적 ‖ 自業自得(ジゴウジトク) 자업자득

仰視(ギョウシ) 우러러 봄 ‖ 信仰(シンコウ) 신앙

Ⅲ. 단어학습

□ 芽	め	싹	□ 崖	がけ	벼랑
□ 鋭い	するどい	날카롭다	□ 詣でる	もうでる	참배하다
□ 誉れ	ほまれ	명예	□ 汚す	けがす	더럽히다
□ 悟る	さとる	깨닫다	□ 渦	うず	소용돌이
□ 瓦	かわら	기와	□ 畏れる	おそれる	두려워하다
□ 要	かなめ	중요한 부분	□ 謡う	うたう	노래하다
□ 羽	はね	깃	□ 愚かだ	おろかだ	어리석다
□ 隅	すみ	모퉁이	□ 憂える	うれえる	근심하다

☐ 委ねる	ゆだねる	맡기다	☐ 慰める	なぐさめる	위로하다
☐ 囲む	かこむ	둘러싸다	☐ 萎える	なえる	시들다
☐ 危うい	あやうい	위태롭다	☐ 偽る	いつわる	거짓말하다
☐ 癒やす	いやす	고치다	☐ 諭す	さとす	깨우치다
☐ 餌	えさ	먹이	☐ 握る	にぎる	쥐다
☐ 岳	たけ	높은산	☐ 顎	あご	턱
☐ 額	ひたい	이마	☐ 逆らう	さからう	거스르다
☐ 辱める	はずかしめる	욕보이다	☐ 育む	はぐくむ	기르다
☐ 翼	つばさ	날개	☐ 延びる	のびる	길어지다
☐ 鉛	なまり	납	☐ 縁	ふち	테두리
☐ 研	とぐ	갈다	☐ 温まる	あたたまる	훈훈해지다
☐ 穏やかだ	おだやかだ	평온하다	☐ 緩やかだ	ゆるやかだ	완만하다
☐ 園	その	정원	☐ 潤う	うるおう	습기를 띄다
☐ 印	しるし	표	☐ 忍ぶ	しのぶ	숨다
☐ 厳かだ	おごそかだ	엄숙하다	☐ 炎	ほのお	불꽃
☐ 艶	つや	윤기	☐ 染める	そめる	물들이다
☐ 淫らだ	みだらだ	음란하다	☐ 業	わざ	행위, 짓
☐ 仰ぐ	あおぐ	우러러 보다	☐ 譲る	ゆずる	양도하다. 양보하다
☐ 醸す	かもす	빚다. 양조하다	☐ 詠む	よむ	읊다
☐ 営む	いとなむ	경영하다	☐ 勇む	いさむ	기운이 솟다
☐ 湧く	わく	샘솟다	☐ 溶ける	とける	녹이다
☐ 雄	おす	수컷	☐ 凝る	こる	엉기다

 **Ⅳ. 문제**

1. 가타카나로 제시된 음과 다르게 읽히는 한자를 고르세요.

　　1) イ 　　　① 偉 　② 慰 　③ 偽 　④ 緯

　　2) ウ 　　　① 宇 　② 愚 　③ 羽 　④ 雨

　　3) イン 　　① 姻 　② 忍 　③ 印 　④ 飲

4) エン   ① 研   ② 宴   ③ 炎   ④ 園

5) オウ   ① 翁   ② 唯   ③ 旺   ④ 応

6) ガ   ① 餓   ② 芽   ③ 雅   ④ 亜

7) ジョウ   ① 嬢   ② 譲   ③ 剰   ④ 揚

8) ヤク   ① 約   ② 薬   ③ 躍   ④ 弱

9) ユウ   ① 偶   ② 優   ③ 憂   ④ 郵

10) ヨウ   ① 揺   ② 窯   ③ 凹   ④ 腰

2. 가타카나로 제시된 음과 다르게 읽히는 한어를 고르세요.

1) アンキ   ① 暗記   ② 安危   ③ 安居   ④ 暗鬼

2) イギ   ① 異議   ② 意義   ③ 危機   ④ 威儀

3) インシ   ① 印紙   ② 印璽   ③ 因子   ④ 隠士

4) エイイ   ① 営為   ② 栄位   ③ 鋭意   ④ 英詩

5) エンカイ   ① 宴会   ② 沿海   ③ 遠海   ④ 煙害

6) オウトウ   ① 王統   ② 応答   ③ 桜桃   ④ 王道

7) ゲンカ   ① 喧嘩   ② 原価   ③ 減価   ④ 言下

8) ユウキュウ   ① 有給   ② 勇怯   ③ 遊休   ④ 悠久

9) ヨウリョウ   ① 楊柳   ② 要領   ③ 容量   ④ 用量

10) ヨクジョウ   ① 欲情   ② 翌週   ③ 浴場   ④ 翼状

쉬어가기

「大迷惑」は、「だいめいわく」vs.「おおめいわく」、どっち?

「大活躍・大問題」など漢語の上に付く「大」は、原則として「だい」と音で読む。ただし、例外的に、「大一番・大看板・大騒動」など「おお」と訓で読むものも少なくない。「大迷惑」もその一つで、「おおめいわく」が伝統的。しかし近年は「だいめいわく」と読まれることも多くなっている。

(北原保雄編『問題な日本語　その4』による)

3. 아래의 밑줄 친 부분의 한어를 어떻게 읽는지 괄호 안에 히라가나로 써 넣으세요.

　　1) このプランにはホテルで楽しむ優雅な朝食がつきます。(　　　　)

　　2) 個人業績の算出方法が曖昧な職種がかなりある。(　　　　)

　　3) 参詣とは、神社や寺にお参りすることである。(　　　　)

　　4) 女性の多くは、思い込みや憶測に苦しんでいるといわれる。(　　　　)

　　5) 今だから言える屈辱を今日は赤裸々に紹介します。(　　　　)

　　6) 近隣の皆さんに迷惑のかかるような屋外燃焼行為はしないようにしている。(　　　　)

　　7) 拝謁とは、貴人や目上の人にお目にかかることを意味する。(　　　　)

　　8) 彼女は怪しげで妖艶な仕上がりのドラマに魅了されたようだ。(　　　　)

　　9) 娘は愛する父のなきがらにとりすがって号泣した。(　　　　)

　　10. 事業活動による土壌汚染問題は企業経営上の大きな課題となった。(　　　　)

4. 다음 밑줄 친 부분의 한자표기어를 어떻게 읽는지 괄호 안에 히라가나로 써 넣으세요.

　　1) 美しいバラには鋭い棘がある。(　　　　)

　　2) 公園のブランコがゆらゆら揺れている。(　　　　)

　　3) 彼は棚の隅にある売れ残ったおもちゃを買って帰った。(　　　　)

　　4) 風に飛ばされないように帽子を押さえている姿が見える。(　　　　)

　　5) 民主制に逆らう官僚組織はなくすべきだ。(　　　　)

　　6) 弟は家に帰ってくると、緩い部屋着に着替えて寛ぐ。(　　　　)

　　7) 体長1メートルを越えるマグロを解体した。(　　　　)

　　8) 全力を尽くしたから後は運を天に任せるだけだ。(　　　　)

　　9) 空を仰ぐと星がみえた。(　　　　)

　　10) 僕は定年後喫茶店を営むつもりだ。(　　　　)

　　고유일본어를 표현하기 위해 기존의 한자를 대응시키는 것이 아니라 일본에서 독자적으로 새롭게 만든 한자, 즉 '고쿠지(国字)'가 만들어지게 되었다. 예를 들면 고쿠지인 '鰯(いわし：정어리)'는 나라시대의『古事記』,『日本書記』,『万葉集』,『古風土記』등의 문헌에는 나오지 않는다.그러나 같은 식의 木簡이나 正倉院문서에는 다수 나온다.

　　이것은 藤原宮시대(694-710)의 목간에는 '伊和志'등의 万葉仮名로 기록되어 있다. 그 후 한자에 의한 표기법이 表音에서 表意·表語로 전환되어 奈良時代에 편찬된 것으로 알려진 한자사전『楊氏漢語抄』나『新撰字鏡』안의『小学篇』에 이미 훈읽기를 동반한 '鰯'라는 글자가 수록되었다. 이 사실은 헤이안시대의 사전 등의 기술을 통해 알 수 있다.

(笹原宏之著『訓読みのはなし』による)

5. 다음 한자의 부수를 예에서 찾아 기호로 답하세요.

> 例
>
> ア. 鬯(ちょう)　　イ. 心(こころ)　　ウ. 田(た)　　エ. 頁(おおがい)
>
> オ. 肉(にくへん)

1) 愚(어리석을 우)　(　　)

2) 異(다를 이)　　　(　　)

3) 額(이마 액)　　　(　　)

4) 腕(팔 완)　　　　(　　)

5) 鬱(답답할 울)　　(　　)

6. 다음 한어의 구성이 예의 ア〜オ 중에 어느 것에 해당하는 지 하나를 골라 기호로
   답하세요.

> 例
>   ア. 同じような意味の漢字を重ねたもの(岩石)
>   イ. 反対または対応の意味を表す字を重ねたもの(高低)
>   ウ. 前の字が後ろの字を修飾しているもの(洋画)
>   エ. 後ろの字が前の字の目的語・補語になっているもの(着席)
>   オ. 前の字が後ろの字の意味を打ち消しているもの(非常)

1) 英俊えいしゅん   (   )

2) 譲位じょうい   (   )

3) 義憤ぎふん   (   )

4) 閲兵えっぺい   (   )

5) 哀歓あいかん   (   )

7. 다음 괄호 안에 두 글자 한어를 넣어 사자성어 한어를 완성시키세요.

1) (   )苦闘 [困難を乗り越えようと非常な努力をすること]

2) (   )投合 [互いの気持ちや考えなどがぴったり合うこと]

3) 栄枯(   ) [人や家などの栄えることと衰えること]

4) (   )知新 [前に習ったことや昔の事柄を復習し考えて新たな道理や知識を会得すること]

5) 用意(   ) [心づかいが行き届いて、準備に手ぬかりのないさま]

8. 다음 문에는 동일한 일본한자음이지만 틀리게 사용된 한자가 한 자 있다. 왼쪽 괄호에는
   잘못 사용된 한자를, 오른쪽 괄호에는 올바른 한자를 써 넣으세요.

1) 監視カメラは災害時の救援活動にも依力を発揮する。   (   )(   )

2) 会社の同僚は予想以上に早く快愉し、昨日退院した。   (   )(   )

3) 後輩の活約もあって、我が母校は三位の成績をおさめた。   (   )(   )

4) 埋葬文化財事務所が火災に遭い、貴重な偉物が焼けた。   (   )(   )

5) 芝居の上宴が定刻に始まる。   (   )(   )

V. 정리하기

▌ 일본 상용한자 2136자중 한국어 초성자음 [ㅇ]이 들어가는 한자음

1. 일본 상용한자 중 한국어 초성자음 [ㅇ]이 들어가는 한자음은 받침의 유무를 막론하고 대부분 ア行과 ガ行이며 일부 ザ行, ナ行, ヤ行, ワ行으로 나타나는 경우도 있다. 그 밖에 カ行, サ行, タ行, ラ行으로 표기되는 예는 예외적이라고 볼 수 있다. 받침이 없는 예 중에서는 リョウ漁(물고기 잡을 어), カ渦(소용돌이 와), キ危(위태로울 위), ケイ詣(이를 예)가, 받침이 있는 예 중에서는 カン完(완전할 완), カン緩(느슨할 완), ケン研(갈 연), コウ仰(우러를 앙), セン染(물들일 염), チン賃(품팔이 임)은 예외적이라고 할 수 있다.

2. 일본 상용한자 중 한국어 초성자음 [ㅇ]이 들어가고 받침이 ㄱ인 한자음은 일본어로는 2음절로 발음되고 2음절째는 ク가 오는 경우가 많다.

3. 일본 상용한자 중 한국어 초성자음 [ㅇ]이 들어가고 받침이 ㄴ인 한자음은 대부분 일본어로는 2음절로 발음되고 2음절째는 ン이다. 유일하게 仁王(ニオウ)인왕의 예일 때만 仁을 ニ인 1음절로 발음한다.

4. 일본 상용한자 중 한국어 초성자음 [ㅇ]이 들어가고 받침이 ㄹ인 한자음은 일본어로는 2음절로 발음되고 2음절째는 대부분 ツ이다.

5. 일본 상용한자 중 한국어 초성자음 [ㅇ]이 들어가고 받침이 ㅁ인 한자음은 일본어로는 2음절로 발음되고 2음절째는 ン이다.

6. 일본 상용한자 중 한국어 초성자음 [ㅇ]이 들어가고 받침이 ㅂ인 한자음은 일본어로는 2음절로 발음되고 2음절째는 대부분 ウ이다. 圧(壓)(누를 압)자만이 アツ로 2음절째를 ツ로 읽고 있다.

7. 일본 상용한자 중 한국어 초성자음 [ㅇ]이 들어가고 받침이 ㅇ인 한자음은 일본어로는 2음절로 발음되고 2음절째는 대부분 ウ이다. [영]자만이 2음절째를 イ라고 읽고 있다.

▌ 일본 상용한자 2136자중 한국어 초성자음 [ㅇ]이 들어가는 한자의 훈독 단어학습

▌ 일본 상용한자 2136자중 한국어 초성자음 [ㅇ]이 들어가는 한자를 이용한 문제풀이
- 한자 및 한어 음독 문제
- 한자의 훈독, 부수, 한어구성, 사자성어, 오자정정 문제

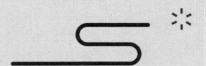

제4과

한국어 초성자음 [ㅋ]과 [ㅎ]이 들어가는 상용한자

학습목표

　이번 강의에서는 일본 상용한자 2136자 중 한국어 초성자음 [ㅋ]과 [ㅎ]이 들어가는 한자를 대상으로 한자의 음독, 훈독연습을 비롯해 다양한 문제를 풀어본다. 또한 일본 상용한자에 제시된 훈을 단어학습을 통해 세밀하게 학습한다.

　이렇게 함으로써 일본 상용한자에 익숙해 짐과 동시에 일본에서 실시하는 공인일본 한자능력검정시험 대비도 할 수 있도록 한다.

일본 상용한자 중 한국어 초성자음 [ㅋ]과 [ㅎ]이 들어가는 한자음을 한국와 일본의 한자음의 대응관계를 통해 학습한다.

◉ 일본 상용한자 중 한국어 초성자음 [ㅋ]이 들어가고 받침이 없는 한자음

| 쾌 | カイ | 快(쾌할) |

[정리]

1. 일본 상용한자 중 한국어 초성자음 [ㅋ]이 들어가고 받침이 없는 한자음의 1음절째는 カ行으로 발음된다.

◉ 일본 상용한자 중 한국어 초성자음 [ㅎ]이 들어가고 받침이 없는 한자음

하	カ	何(어찌), 河(물), 荷(멜)
	カ/ゲ	下(아래), 夏(여름)
		예 下流(カリュウ)하류 / 下品(ゲヒン)천한 것
		夏季(カキ)하계 / 夏至(ゲシ)하지
	ガ	賀(하례)
해	カイ	海(海)(바다), 諧(화할), 楷(해서)
	ガイ	害(해로울), 該(갖출), 骸(해골)
	カイ/ゲ	解(풀)
		예 解放(カイホウ)해방 / 解毒(ゲドク)해독
허	キョ	許(허락할)
	キョ/コ	虚(虚)(빌)
		예 虚無(キョム)허무 / 虚空(コクウ)허공
혜	ケイ/エ	恵(恵)(지혜)
		예 恩恵(オンケイ)은혜 / 知恵(チエ)지혜

호	コ	呼(부를), 弧(활), 湖(호수), 戸(지게), 虎(범)
	ゴ	互(서로), 護(지킬)
	コウ	好(좋아할)
	ゴウ	号(號)(부르짖을), 豪(호걸)
화	カ	火(불), 花(꽃), 靴(구두), 禍(禍)(재앙), 貨(재화)
	カ/ケ	化(될), 華(화려할)

例 化石(カセキ)화석 / 化粧(ケショウ)화장
華麗(カレイ)화려 / 華厳(ケゴン)화엄. 많은 수행 끝에 훌륭한 공덕을 쌓는 일

	ガ	画(畵)(그림)
	ワ	話(말할)
	ワ/オ	和(화할)

例 和室(ワシツ)일본식 방 / 和尚(オショウ)화상. 덕망 높은 스님

회	カイ	灰(灰)(재화), 悔(悔)(뉘우칠), 懐(懐)(품을)
	カイ/エ	会(會)(모일), 回(돌아올), 絵(繪)(그림)

例 会員(カイイン)회원 / 会釈(エシャク)고개를 끄덕임
回想(カイソウ)회상 / 回向(エコウ)회향.넋을 위로함
絵画(カイガ)회화 / 絵本(エホン)그림 책

	ワイ	賄(뇌물)
효	コウ	効(效)(본받을), 孝(효도), 酵(술 밑)
	ギョウ	暁(曉)(새벽)
후	コウ	侯(제후), 候(물을), 厚(두터울), 后(임금), 喉(목구멍)
	キュウ	朽(썩을), 嗅(냄새 맡을)
	ゴ/コウ	後(뒤)

例 後日(ゴジツ)후일 / 後悔(コウカイ)후회

훼	キ	毀(부술)
휘	キ	揮(휘두를), 輝(빛날)

	イ	彙(모을)
휴	キュウ	休(쉴)
	ケイ	携(들)
희	キ	喜(기쁠), 希(바랄)
	ギ	戯(戲)(놀), 犠(犧)(희생)

정리

1. 일본 상용한자 중 한국어 초성자음 [ㅎ]이 들어가고 받침이 없는 한자음의 1음절째는 대부분 カ行 또는 ガ行으로 발음된다.
2. 和(화할 화), 話(말할 화), 賄(뇌물 회) ,彙(모을 휘)와 같이 ア行과 ワ行으로 발음되는 한자도 있으므로 주의해야 한다. 또한 恵(惠)(지혜 혜), 会(會)(모일 회), 回(돌아올 회), 絵(繪)(그림 회)는 カ行 이외에도 ア行으로도 발음될 때가 있다.

◉ 일본 상용한자 중 한국어 초성자음 [ㅎ]이 들어가고 받침이 [ㄱ]인 한자음

학	ガク	学(學)(배울)
	ギャク	虐(사나울)
핵	カク	核(씨)
	ガイ	劾(캐물을)
혁	カク	嚇(노할), 革(가죽)
혹	コク	酷(독할)
	ワク	惑(유혹할)
확	カク	確(굳을), 拡(擴)(넓힐), 穫(벼벨)
획	カク	画(劃)(그을), 獲(얻을)
흑	コク	黒(黑)(검을)

[정리]

1. 일본 상용한자 중 한국어 초성자음 [ㅎ]이 들어가고 받침이 [ㄱ]인 한자음은 2음절이고 1음절째는 대부분 カ行과 ガ行으로 발음된다. 惑(유혹할 혹)자만 ワ行으로 발음된다.

2. 일본 상용한자 중 한국어 초성자음 [ㅎ]이 들어가고 받침이 [ㄱ]인 한자음의 2음절째는 대부분 ク로 발음된다. 劾(캐물을 핵) 자만이 예외적으로 ガイ의 イ로 발음된다.

◎ 일본 상용한자 중 한국어 초성자음 [ㅎ]이 들어가고 받침이 [ㄴ]인 한자음

한	カン	寒(찰), 汗(땀), 閑(한가할), 漢(漢)(한나라), 韓(나라이름)
	ゲン	限(한정할)
	コン	恨(원통할)
헌	ケン	憲(법), 軒(처마)
	ケン/コン	献(獻)(바칠)
		예 献花(ケンカ)헌화 / 献立(コンダテ)식단, 메뉴
현	ケン	賢(어질), 県(縣)(고을), 顕(顯)(나타날)
	ゲン	弦(활시위), 玄(검을), 現(나타날), 舷(뱃전)
	ケン/ケ	懸(매달)
		예 懸垂(ケンスイ)매달림. 턱걸이 / 懸念(ケネン)근심. 염려
혼	コン	婚(혼인할), 混(섞일), 魂(넋)
환	カン	喚(부를), 患(근심), 換(바꿀), 環(고리), 還(還)(돌아올), 歓(歡)(기뻐할)
	ガン	丸(둥글)
	ゲン	幻(변할)
훈	クン	勲(勳)(공), 訓(가르칠), 薫(薰)(향풀)
흔	コン	痕(흔적)

1. 일본 상용한자 중 한국어 초성자음 [ㅎ]이 들어가고 받침이 [ㄴ]인 한자음은 대부분 2음절이고 1음절째는 カ行과 ガ行으로 발음된다.

2. 일본 상용한자 중 한국어 초성자음 [ㅎ]이 들어가고 받침이 [ㄴ]인 한자음의 2음절째는 대부분 ン로 발음된다. 懸(매달 현)자만이 예외적으로 ケ의 1음절로 발음될 때도 있다.

◎ 일본 상용한자 중 한국어 초성자음 [ㅎ]이 들어가고 받침이 [ㄹ]인 한자음

할	カツ	割(벨), 轄(다스릴)
혈	ケツ	穴(구멍), 血(피)
활	カツ	活(살), 滑(미끄러울)
힐	キツ	詰(물을)

1. 일본 상용한자 중 한국어 초성자음 [ㅎ]이 들어가고 받침이 [ㄹ]인 한자음은 2음절이고 1음절째는 カ行으로 발음된다.

2. 일본 상용한자 중 한국어 초성자음 [ㅎ]이 들어가고 받침이 [ㄹ]인 한자음의 2음절째는 ツ로 발음된다.

◎ 일본 상용한자 중 한국어 초성자음 [ㅎ]이 들어가고 받침이 [ㅁ]인 한자음

함	カン	艦(싸움배), 陷(陷)(빠질)
	ガン	含(포함할)
험	ケン	険(險)(험할)
	ケン/ゲン	験(驗)(시험할)
		예 試験(シケン)시험 / 験者(ゲンジャ)산 중에서 거친 수행을 하는 행자
혐	ケン/ゲン	嫌(싫어할)
		예 嫌悪(ケンオ)혐오 / 機嫌(キゲン)기분. 남의 안부

1. 일본 상용한자 중 한국어 초성자음 [ㅎ]이 들어가고 받침이 [ㅁ]인 한자음은 2음절
   이고 1음절째는 カ行 또는 ガ行으로 발음된다.
2. 일본 상용한자 중 한국어 초성자음 [ㅎ]이 들어가고 받침이 [ㅁ]인 한자음의 2음절
   째는 ン으로 발음된다.

◉ 일본 상용한자 중 한국어 초성자음 [ㅎ]이 들어가고 받침이 [ㅂ]인 한자음

합 ゴウ/ガッ/カッ　　合(합할)
　　　　　　　　　　　　예 合意(ゴウイ)합의 / 合併(ガッペイ)합병 /
　　　　　　　　　　　　合戦(カッセン)서로 마주쳐 싸움. 접전

협 キョウ　　　　　協(협할), 脅(으를), 峡(峽)(골짜기), 挟(挾)(낄), 狭(狹)(좁을)

흡 キュウ　　　　　吸(숨 들이쉴)

1. 일본 상용한자 중 한국어 초성자음 [ㅎ]이 들어가고 받침이 [ㅂ]인 한자음은 2음절
   이고 1음절째는 カ行 또는 ガ行으로 발음된다.
2. 일본 상용한자 중 한국어 초성자음 [ㅎ]이 들어가고 받침이 [ㅂ]인 한자음의 2음절
   째는 대부분 ウ로 발음된다. 合(합할 합)자만이 ガッ、カッ과 같이 촉음으로 발음
   될 때도 있다.

◉ 일본 상용한자 중 한국어 초성자음 [ㅎ]이 들어가고 받침이 [ㅇ]인 한자음

항 コウ　　　　　　抗(막을), 港(항구), 航(배), 項(목덜미), 恒(恆)(항상)

행 コウ　　　　　　幸(다행)

　　コウ/ギョウ/アン 行(행할)
　　　　　　　　　　예 行進(コウシン)행진 / 行跡(ギョウセキ)행적 / 行灯(アンドン)사방등

향 キョウ　　　　　響(響)(울릴), 享(드릴)

　　キョウ/ゴウ　　　郷(鄉)(시골)

예 鄕愁(キョウシュウ)향수 / 近鄕(キンゴウ)도시에 가까운 마을

	コウ	向(향할)
	コウ/キョウ	香(향기)

예 香辛料(コウシンリョウ)향신료 / 香車(キョウシャ)장기 말의 하나

형 ケイ 刑(형벌), 型(거푸집), 蛍(螢)(개똥벌레)

コウ 衡(저울대)

ケイ/キョウ 兄(맏)

예 父兄(フケイ)부형 / 兄弟(キョウダイ)형제

ケイ/ギョウ 形(형상)

예 形態(ケイタイ)형상 / 人形(ニンギョウ)인형

홍 コウ 洪(넓을)

コウ/ク 紅(붉을)

예 紅茶(コウチャ)홍차 / 真紅(シンク)진홍. 진홍색

황 キョウ 況(하물며)

コウ 慌(흐리멍텅할), 荒(거칠)

コウ/オウ 皇(임금), 黄(黃)(누르)

예 皇室(コウシツ)황실 / 法皇(ホウオウ)법황. 불문에 들어간 上皇
　黄河(コウガ)황하 / 黄疸(オウダン)황달

횡 オウ 横(橫)(가로)

흉 キョウ 凶(흉할), 胸(가슴)

흥 キョウ/コウ 興(흥할)

예 興味(キョウミ)흥미 / 興行(コウギョウ)흥행

정리

1. 일본 상용한자 중 한국어 초성자음 [ㅎ]이 들어가고 받침이 [ㅇ]인 한자음은 대부분 2음절이다. 紅(붉은 홍)자만이 1음절로 발음될 경우가 있다.

2. 1음절째는 대부분 カ行과 ガ行으로 발음되나 일부 ア行으로 발음되는 한자도 있다.

3. 일본 상용한자 중 한국어 초성자음 [ㅎ]이 들어가고 받침이 [ㅇ]인 한자음의 2음절

째는 대부분 ウ로 발음되고 [형]자의 경우 イ로 발음되는 경우의 한자가 존재한다.

4. 行(다닐 행)자를 アン으로 읽는 경우는 특별한 한어에서만 나타난다.

Ⅱ. 동자이음한자(同字異音漢字)

下流(カリュウ) 하류 ‖ 下品(ゲヒン) 천한 것

夏季(カキ) 하계 ‖ 夏至(ゲシ) 하지

解放(カイホウ) 해방 ‖ 解毒(ゲドク) 해독

虚無(キョム) 허무 ‖ 虚空(コクウ) 허공

恩恵(オンケイ) 은혜 ‖ 知恵(チエ) 지혜

化石(カセキ) 화석 ‖ 化粧(ケショウ) 화장

華麗(カレイ) 화려 ‖ 華厳(ケゴン) 화엄. 많은 수행 끝에 훌륭한 공덕을 쌓는 일

和室(ワシツ) 일본식 방 ‖ 和尚(オショウ) 화상. 덕망 높은 스님

会員(カイイン) 회원 ‖ 会釈(エシャク) 고개를 끄덕임

回想(カイソウ) 회상 ‖ 回向(エコウ) 회향. 넋을 위로함

絵画(カイガ) 회화 ‖ 絵本(エホン) 그림 책

後日(ゴジツ) 후일 ‖ 後悔(コウカイ) 후회

献花(ケンカ) 헌화 ‖ 献立(コンダテ) 식단, 메뉴

懸垂(ケンスイ) 매달림.턱걸이. ‖ 懸念(ケネン) 근심, 염려.

試験(シケン) 시험 ‖ 験者(ゲンジャ) 산 중에서 거친 수행을 하는 행자

嫌悪(ケンオ) 혐오 ‖ 機嫌(キゲン) 기분. 남의 안부

合意(ゴウイ) 합의 ‖ 合併(ガッペイ) 합병 ‖ 合戦(カッセン) 서로 마주쳐 싸움.접전

行進(コウシン) 행진 ‖ 行跡(ギョウセキ) 행적 ‖ 行灯(アンドン) 사방등

郷愁(キョウシュウ) 향수 ‖ 近郷(キンゴウ) 도시에 가까운 마을

香辛料(コウシンリョウ) 향신료 ‖ 香車(キョウシャ) 장기 말의 하나

父兄(<u>フケイ</u>) 부형 ‖ 兄弟(<u>キョウダイ</u>) 형제

形態(<u>ケイタイ</u>) 형태 ‖ 人形(<u>ニンギョウ</u>) 인형

紅茶(<u>コウチャ</u>) 홍차 ‖ 真紅(<u>シンク</u>) 진홍. 진홍색

皇室(<u>コウシツ</u>) 황실 ‖ 法皇(<u>ホウオウ</u>) 법황. 불문에 들어간 上皇

黄河(<u>コウガ</u>) 황하 ‖ 黄疸(<u>オウダン</u>) 황달

興味(<u>キョウミ</u>) 흥미 ‖ 興行(<u>コウギョウ</u>) 흥행

Ⅲ. 단어학습

□ 快い	こころよい	상쾌하다	□ 荷	に	짐
□ 下げる	さげる	내리다	□ 解かす	とかす	녹이다
□ 解く	とく	풀다	□ 許す	ゆるす	허락하다
□ 恵む	めぐむ	은혜를 베풀다	□ 呼ぶ	よぶ	부르다
□ 好む	このむ	좋아하다	□ 湖	みずうみ	호수
□ 戸	と	문	□ 互いに	たがいに	교대로
□ 化ける	ばける	둔갑하다	□ 和らげる	やわらげる	완화시키다
□ 悔いる	くいる	후회하다	□ 懐かしい	なつかしい	그립다
□ 暁	あかつき	새벽	□ 喉	のど	목구멍
□ 朽ちる	くちる	썩다	□ 嗅ぐ	かぐ	냄새 맡다
□ 輝く	かがやく	빛나다	□ 携わる	たずさわる	관계하다. 종사하다
□ 戯れる	たわむれる	놀다	□ 虐げる	しいたげる	학대하다
□ 確かめる	たしかめる	확인하다	□ 惑う	まどう	망설이다
□ 革	かわ	가죽	□ 獲る	える	얻다
□ 汗	あせ	땀	□ 恨む	うらむ	원망하다
□ 軒	のき	처마	□ 賢い	かしこい	어질다
□ 懸る	かかる	걸리다	□ 混ぜる	まぜる	섞다
□ 魂	たましい	혼	□ 患う	わずらう	근심하다
□ 換える	かえる	바꾸다	□ 幻	まぼろし	환상

☐ 姫	ひめ	아가씨	☐ 薫る	かおる	상쾌하게 느껴지다
☐ 痕	あと	흔적	☐ 割る	わる	나누다
☐ 詰める	つめる	채우다	☐ 陥る	おちいる	빠지다
☐ 含む	ふくむ	포함하다	☐ 険しい	けわしい	험하다
☐ 嫌う	きらう	싫어하다	☐ 脅かす	おびやかす	위협하다
☐ 挟む	はさむ	끼다	☐ 狭める	せばめる	좁히다
☐ 吸う	すう	숨 들이쉬다	☐ 港	みなと	항구
☐ 幸い	さいわい	행복	☐ 響く	ひびく	울리다
☐ 向かう	むかう	향하다	☐ 香る	かおる	향기가 나다
☐ 蛍	ほたる	반딧불	☐ 慌てる	あわてる	당황하다
☐ 荒い	あらい	거칠다	☐ 興す	おこす	일으키다

Ⅳ. 문제

1. 가타카나로 제시된 음과 다르게 읽히는 한자를 고르세요.

1) カ   ① 靴   ② 賀   ③ 禍   ④ 荷

2) カイ   ① 快   ② 該   ③ 海   ④ 灰

3) カク   ① 確   ② 穫   ③ 酷   ④ 核

4) カツ   ① 割   ② 活   ③ 滑   ④ 詰

5) カン   ① 含   ② 寒   ③ 患   ④ 陥

6) キ   ① 輝   ② 姫   ③ 希   ④ 犠

7) キョウ   ① 脅   ② 挟   ③ 響   ④ 横

8) コ   ① 護   ② 湖   ③ 弧   ④ 孤

9) コウ   ① 候   ② 酵   ③ 衡   ④ 朽

10) コン   ① 憲   ② 恨   ③ 婚   ④ 魂

2. 가타카나로 제시된 음과 다르게 읽히는 한어를 고르세요.

1) カイホウ　①快報　②外貌　③回報　④懐抱

2) カキ　①夏季　②花器　③画技　④下記

3) カクシン　①楽人　②確信　③革新　④核心

4) カンカイ　①環海　②寒害　③緩解　④感懐

5) キョウカン　①郷関　②凶漢　③峡間　④行間

6) クンコウ　①勲功　②薫香　③軍港　④君公

7) ゲンカン　①顕官　②玄関　③現官　④厳寒

8) コウキ　①好機　②豪気　③後記　④衡器

9) コウソウ　①抗争　②後送　③皇宗　④酵素

10) コンシン　①懇親　②混信　③金神　④渾身

쉬어가기

「発表するには{時期早尚　VS　時期尚早}だ」、どっち？

　時期が早すぎるの意で、「時期尚早(しょうそう)」が正しい。「尚」は、まだ、なお、という意味。「尚」と「早」が転倒した「早尚(そうしょう)」という語はない。熟語の転倒では、「大円団」と「大団円」などもしばしば見られる。「団円」は完結の意で、「大団円(だいだんえん)」が正しい。小説や劇で(めでたく事が解決した)最後の場面という意味。「大円団(だいえんだん)」という語はない。

(北原保雄編『問題な日本語　その4』による)

3. 아래의 밑줄 친 부분의 한어를 어떻게 읽는지 괄호 안에 히라가나로 써 넣으세요.

  1) 司法書士試験に合格された方のため全国各地で合格祝賀会が盛大に開催された。(　　　)

  2) 厚生労働省では、製品の原材料となるものについて、医薬品に該当するか否かの判断を示している。(　　　)

  3) 日本の一部マスコミも日本は世界で孤立すると書き立てている。(　　　)

  4) 収賄とは賄賂を受け取ることである。(　　　)

  5) 児童虐待は児童の人権を著しく侵害する。(　　　)

  6) 霊魂の存在を証明する科学的実験が、過去にいくつか行われたそうだ。(　　　)

  7) この場合、地方警察は都道府県を所管する総務省の管轄となる。(　　　)

  8) 政府は有害物質を含有する家庭用品の規制に関する法律を定めた。(　　　)

  9) イスタンブールの市街地は海峡の西側で、歴史的に発展してきた。(　　　)

  10) このドラマに対し、病院関係者や児童福祉の関係者から抗議の声が上がっている。

  (　　　)

4. 다음 밑줄 친 부분의 한자표기어를 어떻게 읽는지 괄호 안에 히라가나로 써 넣으세요.

  1) 虫に食われて椿の木が朽ちる。(　　　)

  2) 非行少年の教育に携わる者の悩みも大きい。(　　　)

  3) 社長はいつも会議の時間を秘書に確かめる。(　　　)

  4) カラスは人間の習性を知る賢い鳥だ。(　　　)

  5) 僕は今日から手紙をやめてメールに換えることにした。(　　　)

  6) 母は地震に備えて非常袋に水と食料品を詰める。(　　　)

  7) 友達は息を切らして険しい坂を登った。(　　　)

  8) 兄は都会の空気を吸いたくて上京した。(　　　)

  9) 搭乗口で航空券が見つからず慌ててさがした。(　　　)

  10) 僕は親から独立して新たに会社を興すつもりだ。(　　　)

　　일본어 안에서 사용되는 한자에는, 예를 들어 '行'의 경우,'이쿠(いく)', '오코나우(おこなう)' 같은 훈독 이외에, '고(コウ)', '교(ギョウ)'등의 음독이 있다. 이 중 '고이(行為コウイ)'의 '고(行コウ・カウ)'는 한음(漢音)이라 하여 중국 당나라 때 견당사(遣唐使) 등에 의해 장안(長安, 현재의 西安)으로부터 일본에 전해진 발음이 일본식으로 변화된 것이다. 또한 '슈교(修行シュギョウ)'의 '교(ギョウ・ギャウ)'는 오음(呉音)이라 불리는 것으로 중국남방의 '오(呉)'나라 주변으로부터 당나라 이전 시대에 전래된 것으로 알려진 발음이 일본식으로 변화된 것인데, 주로 불교 관련 단어에 많이 남아 있다. 그리고 '안돈(行灯アンドン)'의 '안(行アン)'도 음독인데, 이것은 송나라 때부터 청나라 때에 걸쳐 선승(禅僧)이나 상인들이 전한 중국남방의 항저우(坑州)와 닝보(寧波) 지역을 중심으로 하는 발음이 마찬가지로 일본어식으로 변화된 것으로, 당음(唐音)이라고 불린다(송음(宋音)을 당음과 구분하는 경우도 있다).이외에도 전래된 시대가 오음보다도 오래된 고음(古音)(고대 금석문(金石文)) 등에서 볼 수 있는 '도(止ト)'가 그 예이다. 참고로 '도메루(止(と)める)'의 '도(と)'는 훈독으로 이와 별개임)이 있다. 또 방(旁)으로부터 소리(음)을 유추하여 일본에서 독자적으로 생겨난 관용음(慣用音) 등도 있는데, 모두 중국에서 쓰였던 한자 발음이 그 근간에 있음을 알 수 있다.

(笹原宏之著『訓読みのはなし』による)

5. 다음 한자의 부수를 예에서 찾아 기호로 답하세요.

> 例
> 　　ア. 行(ぎょうがまえ)　　　イ. ネ(しめすへん)　　　ウ. 力(ちから)
> 　　エ. 音(おと)　　　オ. 阝(こざとへん)

1) 禍(재앙 화)　　　(　　)

2) 劾(캐물을 핵)　　　(　　)

3) 響(울릴 향)　　　(　　)

4) 陥(빠질 함)　　　(　　)

5) 衡(저울대 형)　　　(　　)

6. 다음 한어의 구성이 예의 ア～オ 중에 어느 것에 해당하는 지 하나를 골라 기호로 답하세요.

> 例
> ア. 同じような意味の漢字を重ねたもの(岩石)
> イ. 反対または対応の意味を表す字を重ねたもの(高低)
> ウ. 前の字が後ろの字を修飾しているもの(洋画)
> エ. 後ろの字が前の字の目的語・補語になっているもの(着席)
> オ. 前の字が後ろの字の意味を打ち消しているもの(非常)

1) 酷似こくじ　　　(　　　)

2) 抗菌こうきん　　(　　　)

3) 興廃こうはい　　(　　　)

4) 懐疑かいぎ　　　(　　　)

5) 陥没かんぼつ　　(　　　)

7. 다음 괄호 안에 두 글자 한어를 넣어 사자성어 한어를 완성시키세요.

1) 興味(　　　　) [非常に関心があること]

2) (　　　　)得失 [災いにあったり、幸せになったり、出世したり、失敗する]

3) 厚顔(　　　　) [ずうずうしくて恥知らずなこと]

4) (　　　　)奪胎 [外見は同じだが、内容は違う]

5) 花鳥(　　　　) [自然の風景や風物の美しさ]

8. 다음 문에는 동일한 일본한자음이지만 틀리게 사용된 한자가 한 자 있다. 왼쪽 괄호에는 잘못 사용된 한자를, 오른쪽 괄호에는 올바른 한자를 써 넣으세요.

1) 努力の結果、優勝杯を確得した。　　　　　　(　　)(　　)

2) 偏食せずに抵向力を身につける。　　　　　　(　　)(　　)

3) 居住地域の還境改善を要求する。　　　　　　(　　)(　　)

4) ソーラー駆動の電波時計は電池交歓も不要で好評だ。(　　)(　　)

5) 森林浴で樹木の芳酵を満喫する。　　　　　　(　　)(　　)

❚ 일본 상용한자 2136자중 한국어 초성자음 [ㅋ]과 [ㅎ]이 들어가는 한자음

1. 일본 상용한자 중 한국어 초성자음 [ㅋ]과 [ㅎ]이 들어가는 한자음의 1음절째는 받침의 유무를 막론하고 대부분 カ行 또는 ガ行으로 발음된다. オウ横(가로 횡), ワ和(화할 화), ワ話(말할 화), ワイ賄(뇌물 회), ワク惑(유혹할 혹)과 같이 ア行과 ワ行으로 발음되는 한자도 있다. 또한 アン行(행할 행), エ恵(惠)(지혜 혜), エ会(會)(모일 회), エ回(돌아올 회), エ絵(繪)(그림 회), オウ皇(임금 황), オウ黄(누르 황)과 같이 カ行 이외에 ア行으로 발음되는 한자도 있다.

2. 일본 상용한자 중 한국어 초성자음 [ㅎ]이 들어가고 받침이 들어가는 한자음은 일본어로는 대부분 2음절로 발음된다. 懸(매달 현), 紅(붉을 홍)자만이 ケ, ク로 1음절로 읽혀지는 경우가 있다.

3. 한국어 2음절째 받침의 음에 대한 일본어 2음절째의 음을 정리하면 아래의 표와 같다.

받침	발음	예외
ㄱ	ク	ガイ劾(캐물을 핵)
ㄴ	ン	ケ懸(매달 현) 예 懸念(ケネン)근심, 염려
ㄹ	ッ	
ㅁ	ン	
ㅂ	ウ	ガッ/カッ合(합할 합) 예 合併(ガッペイ)합병 / 合戦(カッセン)서로 마주쳐 싸움.접전.
ㅇ	ウ 일부 イ	アン 行(행할 행) 예 行灯(アンドン)등불. ク 紅(붉을 홍) 예 真紅(シンク)진홍. 진홍색

❚ 일본 상용한자 2136자 한국어 초성자음 [ㅋ]과 [ㅎ]이 들어가는 한자의 훈독 단어학습

❚ 일본 상용한자 2136자중 한국어 초성자음 [ㅋ]과 [ㅎ]이 들어가는 한자를 이용한 문제풀이

- 한자 및 한어 음독 문제
- 한자의 훈독, 부수, 한어구성, 사자성어, 오자정정 문제

제5과

한국어 초성자음 [ㄷ]과 [ㅌ]이 들어가는 상용한자

학습목표

　이번 강의에서는 일본 상용한자 2136자 중 한국어 초성자음 [ㄷ]과 [ㅌ]이 들어가는 한자를 대상으로 한자의 음독, 훈독연습을 비롯해 다양한 문제를 풀어본다. 또한 일본 상용한자에 제시된 훈을 단어학습을 통해 세밀하게 학습한다.

　이렇게 함으로써 일본 상용한자에 익숙해 짐과 동시에 일본에서 실시하는 공인일본 한자능력검정시험 대비도 할 수 있도록 한다.

Ⅰ. 한자음독강의

일본 상용한자 중 한국어 초성자음 [ㄷ]과 [ㅌ]이 들어가는 한자음을 한국과 일본의 한자음의 대응관계를 통해 학습한다.

◎ 일본 상용한자 중 한국어 초성자음 [ㄷ][ㅌ]이 들어가고 받침이 없는 한자음

다 タ　　　　　多(많을)

チャ/サ　茶(차)
예 番茶(バンチャ)질 낮은 엽차 / 喫茶(キッサ)차를 마심.

대 タイ　　　待(기다릴), 袋(부대), 貸(빌릴), 隊(떼), 帶(帶)(띠), 戴(일)

タイ/ツイ　対(對)(대답)
예 対立(タイリツ)대립 / 対句(ツイク)대구

ダイ/タイ　代(대신), 大(큰), 台(臺)(대)
예 世代(セダイ)세대 / 交代(コウタイ)교대
大小(ダイショウ)대소 / 大衆(タイシュウ)대중
灯台(トウダイ)등대 / 舞台(ブタイ)무대

도 ト　　　　塗(진흙), 徒(무리), 渡(건널), 途(길), 賭(걸)

トウ　　　倒(넘어질), 刀(칼), 到(이를), 島(섬), 悼(서러워할), 桃(복숭아나무),
逃(달아날), 陶(질그릇), 盗(盜)(도적), 稲(稻)(벼)

ト/ツ　　都(都)(도읍)
예 都会(トカイ)도회 / 都合(ツゴウ)형편, 사정.

ド/ト/タク　度(법도)
예 度胸(ドキョウ)담력,배짱 / 法度(ハット)금령 / 支度(シタク)준비, 채비

ト/ズ　　図(圖)(그림)
예 図書(トショ)도서 / 図表(ズヒョウ)도표

チョウ　　跳(뛸), 挑(집적거릴)

ドウ　　　導(인도할)

	ドウ/トウ	道(道)(길)
		예 道路(ドウロ)도로/神道(シントウ)신도
두	ト	斗(말)
	トウ	痘(천연두)
	トウ/ズ	豆(콩)
		예 豆腐(トウフ)두부 / 大豆(ダイズ)콩
	トウ/ドウ/ズ/ド	頭(머리)
		예 頭部(トウブ)두부 / 船頭(センドウ)뱃사공/
		頭脳(ズノウ)두뇌 / 音頭(オンド)선창
타	ダ	妥(온당할), 惰(게으를), 打(칠), 堕(堕)(떨어질), 唾(침)
	タ	他(다를)
태	タイ	怠(게으를), 態(태도), 泰(클), 胎(아이밸)
	タ	汰(일)
	ダ	駄(탈)
	タイ/タ	太(클)
		예 太陽(タイヨウ)태양 / 丸太(マルタ)(껍질만 벗긴) 통나무
토	ト	吐(토할)
	ド/ト	土(흙)
		예 国土(コクド)국토 / 土地(トチ)토지
	トウ	討(칠)
퇴	タイ	退(물러날), 堆(언덕)
투	ト	妬(강샘할)
	トウ	投(던질), 透(투명할), 闘(싸울)

정리

1. 일본 상용한자 중 한국어 초성자음 [ㄷ][ㅌ]이 들어가고 받침이 없는 한자음의 1음절째는 대부분 タ行과 ダ行이다. 일부 ザ行으로도 읽히는 경우가 있다. 茶(차 다)자가 サ로 읽히는 경우는 예외적이다.

2. 첫 번째 음절이 ザ行의 ズ로도 읽히는 한자는 図(圖)(그림 도), 豆(콩 두), 頭(머리 두)자가 있다. 이 한자들은 모두 본래는 ヅ였으나 표기법의 변화로 ズ로 변한 것으로 본래는 ダ行이었다고도 볼 수 있다.

◎ 일본 상용한자 중 한국어 초성자음 [ㄷ][ㅌ]이 들어가고 받침이 ㄱ인 한자음

덕	トク	德(德)(덕)
독	トク	督(살필), 篤(도타울)
	ドク	毒(독), 独(獨)(홀로)
	ドク/トク/トウ	読(讀)(읽을)
		例 読書(ドクショ)독서 / 読本(トクホン)독본 / 読点(トウテン)독점
득	トク	得(얻을)
탁	タク	拓(밀칠), 卓(높을), 濯(씻을), 託(부탁할)
	ダク	濁(흐릴)
택	タク	宅(집), 択(擇)(가릴), 沢(澤)(못)
특	トク	特(특별할)

정리

1. 일본 상용한자 중 한국어 초성자음 [ㄷ][ㅌ]이 들어가고 받침이 ㄱ인 한자음의 1음절째는 タ行과 ダ行이다.

2. 일본 상용한자 중 한국어 초성자음 [ㄷ][ㅌ]이 들어가고 받침이 ㄱ인 한자음은 일본어로 2음절로 발음되고 2음절째는 대부분 ク가 온다. 예외적으로 読(讀)(읽을 독)자에 한해서 2음절째가 ウ로 발음될 때도 있다.

◎ 일본 상용한자 중 한국어 초성자음 [ㄷ][ㅌ]이 들어가고 받침이 ㄴ인 한자음

단	タン	丹(붉을), 短(짧을), 端(끝), 鍛(쇠불릴), 単(單)(홑)
	ダン	段(조각), 断(斷)(끊을)

ダン/タン	壇(제터), 旦(아침)
	例 壇上(ダンジョウ)단상 / 土壇場(ドタンバ)목을 베는 형장, 마지막 순간.
	旦那(ダンナ)주인 / 元旦(ガンタン)설날
ダン/トン	団(團)(둥글)
	例 団結(ダンケツ)단결 / 布団(フトン)이불

돈 トン   豚(돼지), 頓(갑자기)

둔 トン   屯(진칠)

  ドン   鈍(둔할)

탄 タン   炭(숯), 誕(탄생할), 嘆(嘆)(탄식할), 綻(옷터질)

  ダン   弾(彈)(탄알)

[정리]

1. 일본 상용한자 중 한국어 초성자음 [ㄷ][ㅌ]이 들어가고 받침이 ㄴ인 한자음의 1음
   절째는 タ行과 ダ行이다.

2. 일본 상용한자 중 한국어 초성자음 [ㄷ][ㅌ]이 들어가고 받침이 ㄴ인 한자음은 일
   본어로 2음절로 발음되고 2음절째는 ン이다.

◉ 일본 상용한자 중 한국어 초성자음 [ㄷ][ㅌ]이 들어가고 받침이 ㄹ인 한자음

달 タツ   達(통달)

돌 トツ   突(突)(부딪칠)

탈 ダツ   奪(빼앗을), 脱(벗을)

[정리]

1. 일본 상용한자 중 한국어 초성자음 [ㄷ][ㅌ]이 들어가고 받침이 ㄹ인 한자음의 1음
   절째는 タ行과 ダ行이다.

2. 일본 상용한자 중 한국어 초성자음 [ㄷ][ㅌ]이 들어가고 받침이 ㄹ인 한자음은 일
   본어로 2음절로 발음되고 2음절째는 ツ이다.

◉ 일본 상용한자 중 한국어 초성자음 [ㄷ][ㅌ]이 들어가고 받침이 ㅁ인 한자음

담 タン 担(擔)(멜), 胆(膽)(쓸개), 淡(물맑을)

ダン 談(말할)

ドン 曇(흐릴)

탐 タン 探(찾을)

ドン 貪(탐할)

정리 ────────────────────────────────

1. 일본 상용한자 중 한국어 초성자음 [ㄷ][ㅌ]이 들어가고 받침이 ㅁ인 한자음의 1음 절째는 タ行과 ダ行이다.

2. 일본 상용한자 중 한국어 초성자음 [ㄷ][ㅌ]이 들어가고 받침이 ㅁ인 한자음은 일 본어로 2음절로 발음되고 2음절째는 ン이다.

◉ 일본 상용한자 중 한국어 초성자음 [ㄷ][ㅌ]이 들어가고 받침이 ㅂ인 한자음

답 トウ 答(대답), 踏(밟을)

탑 トウ 塔(탑), 搭(탈)

정리 ────────────────────────────────

1. 일본 상용한자 중 한국어 초성자음 [ㄷ][ㅌ]이 들어가고 받침이 ㅂ인 한자음의 1음 절째는 タ行이다.

2. 일본 상용한자 중 한국어 초성자음 [ㄷ][ㅌ]이 들어가고 받침이 ㅂ인 한자음은 일 본어로 2음절로 발음되고 2음절째는 ウ이다.

◉ 일본 상용한자 중 한국어 초성자음 [ㄷ][ㅌ]이 들어가고 받침이 ㅇ인 한자음

당 トウ 唐(당나라), 糖(사탕), 党(黨)(무리), 当(當)(마땅)

ドウ 堂(집)

동	トウ	冬(겨울), 凍(얼), 東(동녘), 棟(마룻대)
	ドウ	動(움직일), 同(같을), 洞(마을), 胴(큰창자), 銅(구리), 働(일할), 瞳(눈동자), 童(아이)
	ショウ/ドウ	憧(그리워할)

예 憧憬(ショウケイ)동경 / 憧憬(ドウケイ)동경

등	トウ	等(등급), 謄(베낄), 騰(오를), 灯(燈)(등잔), 藤(등나무)
	トウ/ト	登(오를)

예 登校(トウコウ)등교 / 登山(トザン)등산

탕	トウ	湯(끓일)

통	トウ	筒(대통), 統(거느릴)
	ツウ	痛(아플)
	ツウ/ツ	通(통할)

예 通行(ツウコウ)통행 / 通夜(ツヤ)(죽은 사람의 유해를 지키며)밤 샘.

정리

1. 일본 상용한자 중 한국어 초성자음 [ㄷ][ㅌ]이 들어가고 받침이 ㅇ인 한자음의 1음절째는 タ行과 ダ行이다. 憧(그리워할 동)자를 ショウ로 읽는 것은 예외적이다.

2. 일본 상용한자 중 한국어 초성자음 [ㄷ][ㅌ]이 들어가고 받침이 ㅇ인 한자음은 일본어로 대부분 2음절로 발음되고 2음절째는 ウ이다. 예외적으로 登(오를 등), 通(통할 통)자만이 ト, ツ로 1음절로 발음되는 경우도 있다.

Ⅱ. 동자이음한자(同字異音漢字)

番茶(バンチャ) 질 낮은 엽차 ‖ 喫茶(キッサ) 차를 마심.

対立(タイリツ) 대립 ‖ 対句(ツイク) 대구

世代(セダイ) 세대 ‖ 交代(コウタイ) 교대

大小（ダイショウ）대소　‖　大衆（タイシュウ）대중

灯台（トウダイ）등대　‖　舞台（ブタイ）무대

都会（トカイ）도회　‖　都合（ツゴウ）형편, 사정.

度胸（ドキョウ）담력, 배짱　‖　法度（ハット）금령　‖　支度（シタク）준비, 채비

図書（トショ）도서　‖　図表（ズヒョウ）도표

道路（ドウロ）도로　‖　神道（シントウ）신도

豆腐（トウフ）두부　‖　大豆（ダイズ）콩

頭部（トウブ）두부　‖　船頭（センドウ）뱃사공　‖　頭脳（ズノウ）두뇌　‖　音頭（オンド）선창

太陽（タイヨウ）태양　‖　丸太（マルタ）（껍질만 벗긴）통나무

国土（コクド）국토　‖　土地（トチ）토지

読書（ドクショ）독서　‖　読本（トクホン）독본　‖　読点（トウテン）독점

壇上（ダンジョウ）단상　‖　土壇場（ドタンバ）목을 베는 형장, 마지막 순간.

団結（ダンケツ）단결　‖　布団（フトン）이불

登校（トウコウ）등교　‖　登山（トザン）등산

通行（ツウコウ）통행　‖　通夜（ツヤ）（죽은 사람의 유해를 지키며)밤 샘.

Ⅲ. 단어학습

□ 袋	ふくろ	자루	□ 貸す	かす	빌려주다
□ 帯びる	おびる	띠다	□ 代	しろ	재료. 대용물
□ 図る	はかる	노리다. 꾀하다	□ 塗る	ぬる	바르다
□ 渡る	わたる	건너다	□ 賭ける	かける	걸다
□ 倒れる	たおれる	넘어지다	□ 刀	かたな	외날의 칼
□ 悼む	いたむ	애도하다	□ 挑む	いどむ	도전하다
□ 逃げる	にげる	달아나다	□ 逃がす	にがす	놓아주다. 놓치다
□ 稲	いね	벼	□ 都	みやこ	수도. 도읍지

☐ 盗む	ぬすむ	훔치다	☐ 跳ねる	はねる	뛰다
☐ 導く	みちびく	인도하다	☐ 唾	つば	침
☐ 太る	ふとる	살찌다	☐ 怠る	おこたる	게으르다
☐ 怠ける	なまける	게으름 피우다	☐ 吐く	はく	토하다
☐ 退く	しりぞく	물러나다	☐ 妬む	ねたむ	질투하다
☐ 透す	すかす	틈새를 만들다	☐ 闘う	たたかう	싸우다
☐ 濁る	にごる	탁하게 되다. 흐려지다	☐ 沢	さわ	저습지
☐ 端	はし	끝	☐ 断つ	たつ	끊다
☐ 鈍る	にぶる	둔해지다	☐ 弾む	はずむ	튀다. 신바람이 나다
☐ 弾く	ひく	연주하다. 켜다. 치다	☐ 嘆かわしい	なげかわしい	한심스럽다
☐ 嘆く	なげく	탄식하다	☐ 炭	すみ	숯.목탄
☐ 綻びる	ほころびる	실밥이 풀리다. 터지다	☐ 突く	つく	찌르다
☐ 奪う	うばう	빼앗다	☐ 脱ぐ	ぬぐ	벗다
☐ 探る	さぐる	찾다. 살피다	☐ 担ぐ	かつぐ	메다
☐ 淡い	あわい	진하지 않다	☐ 曇る	くもる	흐리다
☐ 貪る	むさぼる	탐하다	☐ 踏む	ふむ	밟다
☐ 凍える	こごえる	얼다. 추위로 곱아지다	☐ 動かす	うごかす	움직이게 하다
☐ 棟	むね	마룻대	☐ 洞	ほら	동굴
☐ 瞳	ひとみ	눈동자	☐ 童	わらべ	동자. 어린애
☐ 憧れる	あこがれる	동경하다	☐ 藤	ふじ	등나무
☐ 通う	かよう	다니다. 왕래하다	☐ 統べる	すべる	총괄하다. 통솔·지배하다
☐ 筒	つつ	통			

Ⅳ. 문제

1. 가타카나로 제시된 음과 다르게 읽히는 한자를 고르세요.

1) タ   ① 多 ② 汰 ③ 唾 ④ 他

2) ダ   ① 他 ② 堕 ③ 駄 ④ 惰

3) タイ   ① 袋 ② 妥 ③ 胎 ④ 怠

4) タク	① 濁	② 託	③ 沢	④ 宅
5) タン	① 淡	② 炭	③ 断	④ 鍛
6) ト	① 塗	② 斗	③ 痘	④ 吐
7) トウ	① 筒	② 踏	③ 盗	④ 堂
8) ドウ	① 胴	② 導	③ 銅	④ 湯
9) トク	① 徳	② 毒	③ 篤	④ 督
10) ドン	① 曇	② 貪	③ 鈍	④ 屯

2. 가타카나로 제시된 음과 다르게 읽히는 한어를 고르세요.

1) タイイ	① 大意	② 代位	③ 退位	④ 大尉
2) タイイン	① 退院	② 隊員	③ 代印	④ 太陰
3) ダイチ	① 対置	② 大地	③ 台地	④ 代置
4) ダッカン	① 脱監	② 脱簡	③ 奪還	④ 達観
5) タンコウ	① 炭鉱	② 断交	③ 単行	④ 淡紅
6) ダンソウ	① 断層	② 男装	③ 炭層	④ 弾奏
7) タンチョウ	① 団長	② 単調	③ 短調	④ 丹頂
8) トウガイ	① 当該	② 凍害	③ 等外	④ 倒壊
9) ドウギ	① 動議	② 道義	③ 闘技	④ 胴着
10) トクシン	① 得心	② 独身	③ 特進	④ 篤信

쉬어가기

「お亡くなりになる」vs.「お亡くなりになられる」、どっち?

「亡くなる」は、死ぬことを婉曲にいう語。「亡くなる」を尊敬表現にした「お亡くなりになる」は正しい表現である。「お亡くなりになられる」は、尊敬表現の「お亡くなりになる」にさらに尊敬の助動詞「れる」を付けたもので、二重敬語となる。敬意過剰な表現で、不適切である。

(北原保雄編『問題な日本語 その4』による)

3. 아래의 밑줄 친 부분의 한어를 어떻게 읽는지 괄호 안에 히라가나로 써 넣으세요.

1) 会社の待遇って仕事を決める上で重要視する人もいる。(　　　　)

2) 韓国の選手が今回の跳馬大会で優勝した。(　　　　)

3) 篤志家カーネギーの一生を描いた本が出た。(　　　　)

4) 鈴木鍛鋼は、創業以来一貫して高級特殊鋼の鍛造に取り組んでいる。(　　　　)

5) 社会の動きに鈍感な学者は時代遅れになる。(　　　　)

6) 連合軍は陣地をようやく奪還した。(　　　　)

7) 父は胆結石で有名な大学病院に入院している。(　　　　)

8) 空港案内放送に従って私たちは搭乗し始めた。(　　　　)

9) 糖分はお菓子だけではなく、和食や清涼飲料水にも使われている。(　　　　)

10) 騰落率はあくまでも過去の実績である。(　　　　)

4. 다음 밑줄 친 부분의 한자표기어를 어떻게 읽는지 괄호 안에 히라가나로 써 넣으세요.

1) 葬儀には父の死を悼む教え子が大勢集まった。(　　　　)

2) 上司への報告を怠る部下もいる。(　　　　)

3) 独善的な取締役を退ける方法を考えている。(　　　　)

4) 手のひらを太陽に透かすと赤く見える。(　　　　)

5) 濁音を濁る音とも言う。(　　　　)

6) 自分の境遇を嘆くだけでは何も変わらない。(　　　　)

7) 町内の祭りで神輿を担ぐ人を探している。(　　　　)

8) 少年は差し出されたご飯を貪るように食べた。(　　　　)

9) 参加した人々の中で、20年ぶりに故国の土を踏む人もいた。(　　　　)

10) 靴下を履かないと足が凍える。(　　　　)

　　일본어 안에서 사용되는 한자에는, 예를 들어 '行'의 경우, 'いく', 'おこなう' 같은 훈독 이외에 'コウ', 'ギョウ' 등의 음독이 있다. 이 중 '行為(コウイ)'의 '行(コウ·カウ)'는 漢音이라 하여 중국 당나라 때 遣唐使 등에 의해 장안(長安, 현재의 西安)으로부터 일본에 전해진 발음이 일본식으로 변화된 것이다. 또한 '修行(シュギョウ)'의 '行(ギョウ·ギャウ)'는 吳音이라 불리는 것으로 중국 남방의 '吳'나라 주변으로부터 당나라 이전 시대에 전래된 것으로 알려진 발음이 일본식으로 변화된 것인데, 주로 불교 관련 단어에 많이 남아 있다. 그리고 '行灯(アンドン)'의 '行(アン)'도 음독인데, 이것은 송나라 때부터 청나라 때에 걸쳐 선승(禅僧)이나 상인들이 전한 중국 남방의 항저우(杭州)와 닝보(寧波)지역을 중심으로 하는 발음이 마찬가지로 일본어식으로 변화된 것으로, 唐音이라고 불린다(宋音을 당음과 구분하는 경우도 있다). 이외에도 전래된 시기가 오음보다도 오래된 古音(고대 金石文 등에서 볼 수 있는 '止(ト)'가 그 예임)이 있다. 또 旁(방)으로부터 음을 유추하여 일본에서 독자적으로 생겨난 慣用音 등도 있는데, 모두 중국에서 쓰였던 한자 발음이 그 근간에 있음을 알 수 있다.

(笹原宏之著『訓読みのはなし』による)

5. 다음 한자의 부수를 예에서 찾아 기호로 답하세요.

> 例
> ア. 糸(いとへん)　　イ. 戈(かのほこ)　　ウ. 疒(やまいだれ)
> エ. 目(め)　　オ. 屮(てつ)

1) 戴(일 대)　　　　(　　)

2) 痘(천연두 두)　　(　　)

3) 督(살필 독)　　　(　　)

4) 屯(진칠 둔)　　　(　　)

5) 統(거느릴 통)　　(　　)

6. 다음 한어의 구성이 예의 ア〜オ 중에 어느 것에 해당하는 지 하나를 골라 기호로 답하세요.

> 例
> ア. 同じような意味の漢字を重ねたもの(岩石)
> イ. 反対または対応の意味を表す字を重ねたもの(高低)
> ウ. 前の字が後ろの字を修飾しているもの(洋画)
> エ. 後ろの字が前の字の目的語・補語になっているもの(着席)
> オ. 前の字が後ろの字の意味を打ち消しているもの(非常)

1) 怠惰たいだ 　　　(　　　)

2) 退廷たいてい 　　(　　　)

3) 独酌どくしゃく 　(　　　)

4) 貸借たいしゃく 　(　　　)

5) 盗塁とうるい 　　(　　　)

7. 다음 괄호 안에 두 글자 한어를 넣어 사자성어 한어를 완성시키세요.

1) 泰然(　　　　　) [落ち着きはらい少しも動じない]

2) (　　　　　)多感 [感情が豊かで物事に感じやすい]

3) 大同(　　　　　) [似たりよったりである]

4) (　　　　　)北斗 [学問芸術などの第一人者]

5) 東奔(　　　　　) [四方八方忙しく走り回ること]

8. 다음 문에는 동일한 일본한자음이지만 틀리게 사용된 한자가 한 자 있다. 왼쪽 괄호에는 잘못 사용된 한자를, 오른쪽 괄호에는 올바른 한자를 써 넣으세요.

1) 大学での研究成果は、停息する経済の活性化に役立ちそうだ。 (　　) (　　)

2) 長年の討病生活を余儀なくされた。 　　　　　　　　　　　(　　) (　　)

3) 海外への途航費用を必死に稼ぐ。 　　　　　　　　　　　　(　　) (　　)

4) 用具の点検を担念に行った。 　　　　　　　　　　　　　　(　　) (　　)

5) 極度の奪水症状でレースを棄権した。 　　　　　　　　　　(　　) (　　)

■ 일본 상용한자 2136자중 한국어 초성자음 [ㄷ]과 [ㅌ]이 들어가는 한자음

1. 일본 상용한자 중 한국어 초성자음 [ㄷ][ㅌ]이 들어가는 한자음의 1음절째는 받침의 유무를 막론하고 대부분 タ行 또는 ダ行으로 발음된다.

2. 1음절째가 ザ行의 ズ로도 읽히는 한자는 図(圖)(그림 도), 豆(콩 두), 頭(머리 두)자가 있는데, 이 한자들은 모두 본래는 ヅ였으나 표기법의 변화로 ズ로 변한 것으로 본래는 ダ行이었다고도 볼 수 있다. 茶(차 다)자가 サ로, 憧(그리워할 동)자를 ショウ로 읽히는 경우는 예외적이다.

3. 일본 상용한자 중 한국어 초성자음 [ㄷ][ㅌ]이 들어가고 받침이 들어가는 한자음은 일본어로는 대부분 2음절로 발음된다. 登(오를 등), 通(통할 통)자만이 ト, ツ로 1음절로 읽혀지는 경우가 있다.

4. 한국어의 받침에 대한 일본어 2음절째의 발음을 정리하면 아래의 표와 같다.

받침	발음	예외
ㄱ	ク	ト ウ読(讀)(읽을 독) 예 読点(トウテン)독점.
ㄴ	ン	
ㄹ	ツ	
ㅁ	ン	
ㅂ	ウ	
ㅇ	ウ	ト 登(오를 등) 예 登山(トザン)등산. ツ 通(통할 통) 예 通夜(ツヤ)(죽은 사람의 유해를 지키며)밤 샘.

■ 일본 상용한자 2136자중 한국어 초성자음 [ㄷ]과 [ㅌ]이 들어가는 한자의 훈독 단어학습

■ 일본 상용한자 2136자중 한국어 초성자음 [ㄷ]과 [ㅌ]이 들어가는 한자를 이용한 문제풀이

• 한자 및 한어 음독 문제
• 한자의 훈독, 부수, 한어구성, 사자성어, 오자정정 문제

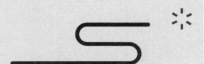

한국어 초성자음 [ㄴ]과 [ㄹ]이 들어가는 상용한자

학습목표

　이번 강의에서는 일본 상용한자 2136자 중 한국어 초성자음 [ㄴ]·[ㄹ]이 들어가는 한자를 대상으로 한자의 음독, 훈독연습을 비롯해 다양한 문제를 풀어본다. 또한 일본 상용한자에 제시된 훈을 단어학습을 통해 세밀하게 학습한다.

　이렇게 함으로써 일본 상용한자에 익숙해 짐과 동시에 일본에서 실시하는 공인일본 한자능력검정시험 대비도 할 수 있도록 한다.

Ⅰ. 한자음독강의

일본 상용한자 중 한국어 초성자음 [ㄴ]·[ㄹ]이 들어가는 한자음을 한국과 일본의 한자음의 대응관계를 통해 학습한다.

◎ 일본 상용한자 중 한국어 초성자음 [ㄴ]이 들어가고 받침이 없는 한자음

나	ナ	那(어찌), 奈(어찌)
내	タイ	耐(견딜)
	ナイ/ダイ	内(안)
		예 内外(ナイガイ)내외/内裏(ダイリ)天皇이 사는 대궐.
노	ド	努(힘쓸), 奴(종), 怒(노할)
뇌	ノウ	悩(惱)(괴로워할), 脳(腦)(뇌)
뇨	ニョウ	尿(오줌)
니	デイ	泥(진흙)
	ニ	尼(중)

정리
1. 일본 상용한자 중 한국어 초성자음 [ㄴ]이 들어가고 받침이 없는 한자음의 1음절째는 ナ行 또는 ダ行으로 발음된다.
2. 耐(견딜 내)자와 같이 예외적으로 タ行으로 발음되는 한자도 있다.

◎ 일본 상용한자 중 한국어 초성자음 [ㄹ]이 들어가고 받침이 없는 한자음

라	ラ	羅(그물), 裸(옷벗을)
래	ライ	来(來)(올)
려	リョ	慮(생각할), 旅(나그네), 侶(짝)
	レイ	麗(고을), 励(勵)(힘쓸), 戻(戾)(어그러질)

	ロ	呂(음률)
례	レイ	例(법식), 隷(종), 礼(禮)(예식)
로	リョ	虜(虜)(포로)
	ロ	路(길), 炉(爐)(화로)
	ロウ	老(늙을), 労(勞)(일할)
	ロ/ロウ	露(이슬)
		예 露出(ロシュツ)노출 / 披露(ヒロウ)피로
뢰	ライ	雷(우뢰), 頼(賴)(의지할)
	ロ	賂(뇌물 줄)
료	リョウ	了(마칠), 僚(벗), 寮(뚫을), 料(되질할), 療(병고칠), 瞭(밝을)
루	ルイ	累(여러), 塁(壘)(진), 涙(淚)(눈물)
	ロウ	漏(샐), 楼(樓)(다락)
류	リュウ	柳(버들), 硫(유황)
	ル	瑠(유리)
	ルイ	類(類)(무리)
	リュウ/ル	流(흐를), 留(머무를)
		예 流動(リュウドウ)유동 / 流布(ルフ)유포
		留学(リュウガク)유학/留守(ルス)부재 중
리	リ	利(이로울), 吏(아전), 履(신), 理(다스릴), 痢(설사), 裏(속), 里(마을), 離(떠날), 璃(유리)
	リン	厘(리)

[정리]

1. 일본 상용한자 중 한국어 초성자음 [ㄹ]이 들어가고 받침이 없는 한자음의 1음절째는 ラ行으로 발음된다.

2. 2음절로 나타나는 한자의 경우 2음절째는 イ 또는 ウ가 일반적이다. 厘(리 리)자는 예외적으로 2음절째가 ン으로 발음된다.

◉ 일본 상용한자 중 한국어 초성자음 [ㄴ][ㄹ]이 들어가고 받침이 [ㄱ]인 한자음

낙	ダク	諾(대답할)
닉	トク	匿(숨을)
락	ラク	絡(이을), 落(떨어질), 酪(유즙)
력	レキ	暦(曆)(책력), 歴(歷)(지낼)
	リョク/リキ	力(힘)
		例 権力(ケンリョク)권력/力量(リキリョウ)역량
록	ロク	録(錄)(기록할), 麓(산기슭)
	リョク/ロク	緑(綠)(푸를)
		例 緑茶(リョクチャ)녹차/緑青(ロクショウ)녹청
륙	リク	陸(뭍)
	ロク	六(여섯)

┌─────┐
│ 정리 │
└─────┘

1. 일본 상용한자 중 한국어 초성자음 [ㄴ]이 들어가고 받침이 [ㄱ]인 한자음은 2음절이고 1음절째는 ダ行과 タ行으로 발음된다.

2. 일본 상용한자 중 한국어 초성자음 [ㄹ]이 들어가고 받침이 [ㄱ]인 한자음은 2음절이고 1음절째는 ラ行으로 발음된다.

3. 일본 상용한자 중 한국어 초성자음 [ㄴ]이 들어가고 받침이 [ㄱ]인 한자음의 2음절째는 ク로 발음된다.

4. 일본 상용한자 중 한국어 초성자음 [ㄹ]이 들어가고 받침이 [ㄱ]인 한자음의 2음절째는 ク 또는 キ로 발음된다.

◉ 일본 상용한자 중 한국어 초성자음 [ㄴ][ㄹ]이 들어가고 받침이 [ㄴ]인 한자음

난	ダン	暖(따뜻할)
	ナン	難(難)(어려울)

년	ネン	年(해)
란	ラン	卵(알), 欄(欄)(난간), 乱(亂)(어지러울)
련	レン	錬(錬)(단련할), 連(잇달을), 練()(익힐), 恋(戀)(사모할)
론	ロン	論(논의할)
륜	リン	倫(인륜), 輪(바퀴)
린	リン	隣(이웃)

정리 ―――

1. 일본 상용한자 중 한국어 초성자음 [ㄴ]이 들어가고 받침이 [ㄴ]인 한자음은 2음절이고 1음절째는 ダ行과 ナ行으로 발음된다.

2. 일본 상용한자 중 한국어 초성자음 [ㄹ]이 들어가고 받침이 [ㄴ]인 한자음은 2음절이고 1음절째는 ラ行으로 발음된다.

3. 일본 상용한자 중 한국어 초성자음 [ㄴ]「ㄹ」이 들어가고 받침이 [ㄴ]인 한자음의 2음절째는 ン로 발음된다.

◉ 일본 상용한자 중 한국어 초성자음 [ㄹ]이 들어가고 받침이 [ㄹ]인 한자음

렬	レツ	列(벌일), 劣(용렬할), 烈(세찰), 裂(찢을)
률	リツ	慄(두려워할)
	リツ/リチ	律(법)

예 法律(ホウリツ)법률 / 律儀(リチギ)의리가 두터 움.

정리 ―――

1. 일본 상용한자 중 한국어 초성자음 [ㄹ]이 들어가고 받침이 [ㄹ]인 한자음은 2음절이고 1음절째는 ラ行으로 발음된다.

2. 일본 상용한자 중 한국어 초성자음 [ㄹ]이 들어가고 받침이 [ㄹ]인 한자음의 2음절째는 대부분 ツ로 발음된다. 律(법 률)자는 두번째 음절을 チ로 읽는 경우도 있다.

남	ダン/ナン	男(남자)
		예 男子(ダンシ)남자 / 長男(チョウナン)장남
	ナン/ナ	南(남녘)
		예 南北(ナンボク)남북 / 南無(ナム)나무
념	ネン	念(생각), 捻(비틀)
람	ラン	濫(넘칠), 覧(覽)(볼), 藍(남빛)
렴	レン	廉(청렴할)
림	リン	林(수풀), 臨(임할)

정리 ────────────────────────────────

1. 일본 상용한자 중 한국어 초성자음 [ㄴ]이 들어가고 받침이 [ㅁ]인 한자음은 대부분 2음절이고 1음절째는 ダ行 또는 ナ行으로 발음된다. 南(남녘 남)자는 ナ와 같이 1음절로 발음될 때도 있다.

2. 일본 상용한자 중 한국어 초성자음 [ㄹ]이 들어가고 받침이 [ㅁ]인 한자음은 2음절이고 1음절째는 ラ行으로 발음된다.

3. 일본 상용한자 중 한국어 초성자음 [ㄴ][ㄹ]이 들어가고 받침이 [ㅁ]인 한자음의 2음절째는 ン으로 발음된다.

🌞 일본 상용한자 중 한국어 초성자음 [ㄴ][ㄹ]이 들어가고 받침이 [ㅂ]인 한자음

납	ノウ/ナッ/ナ/ナン/トウ	納(들일)
		예 収納(シュウノウ)수납 / 納得(ナットク)납득 / 納屋(ナヤ)헛간 /
		納戸(ナンド)의복·가구를 간직해 두는 방 / 出納(スイトウ)출납
렵	リョウ	猟(獵)(사냥할)
립	リツ/リュウ	立(설)
		예 独立(ドクリツ)독립 / 建立(コンリュウ)건립
	リュウ	粒(알)

1. 일본 상용한자 중 한국어 초성자음 [ㄴ]이 들어가고 받침이 [ㅂ]인 納의 한자음은 대부분 2음절이고 1음절째는 대부분 ナ行으로 발음된다.

2. 納屋(ナヤ)헛간의 경우 納자가 예외적으로 1음절로 발음된다. 出納(スイトウ)출납의 경우 納자는 예외적으로 タ行으로 발음된다.

3. 일본 상용한자 중 한국어 초성자음 [ㄹ]이 들어가고 받침이 [ㅂ]인 한자음은 2음절이고 1음절째는 ラ行으로 발음된다.

4. 일본 상용한자 중 한국어 초성자음 [ㄴ]이 들어가고 받침이 [ㅂ]인 納의 2음절째는 대부분 ウ로 발음된다. 단어에 따라 촉음 ッ와 ン으로 발음될 때도 있다.

5. 일본 상용한자 중 한국어 초성자음 [ㄹ]이 들어가고 받침이 [ㅂ]인 한자음의 2음절째는 대부분 ウ로 발음된다. 立(설 립)자만이 ッ로 발음될 때도 있다.

◉ 일본 상용한자 중 한국어 초성자음 [ㄴ][ㄹ]이 들어가고 받침이 [ㅇ]인 한자음

녕	ネイ	寧(편안할)
농	ノウ	濃(짙을), 農(농사)
능	ノウ	能(능할)
랑	ロウ	浪(물결), 廊(廊)(복도), 朗(朗)(밝을), 郎(郎)(사내)
랭	レイ	冷(찰)
량	リョウ	良(좋을), 量(헤아릴), 涼(서늘할), 両(兩)(두)
	リョウ/ロウ	糧(양식)
		예 糧食(リョウショク)양식 / 兵糧(ヒョウロウ)군량
령	レイ	令(하여금), 零(떨어질), 齢(齡)(나이)
	リョウ	領(거느릴)
	レイ/リン	鈴(방울)
		예 電鈴(デンレイ)전령 / 風鈴(フウリン)풍경
	レイ/リョウ	霊(靈)(영묘할)
		예 霊感(レイカン)영감 / 悪霊(アクリョウ)악령

龍	ロウ	弄(희롱할), 籠(대그릇)
龍	リュウ	竜(龍)(용)
隆	リュウ	隆(隆)(높을)
陵	リョウ	陵(언덕)

<table>
<tr><td>정리</td></tr>
</table>

1. 일본 상용한자 중 한국어 초성자음 [ㄴ]이 들어가고 받침이 [ㅇ]인 한자음은 2음절이고 1음절째는 대부분 ナ行으로 발음된다.

2. 일본 상용한자 중 한국어 초성자음 [ㄹ]이 들어가고 받침이 [ㅇ]인 한자음은 2음절이고 1음절째는 ラ行으로 발음된다.

3. 일본 상용한자 중 한국어 초성자음 [ㄴ]이 들어가고 받침이 [ㅇ]인 한자음의 2음절째는 대부분 ウ로 발음된다. 寧(편안할 녕)자만이 イ로 발음된다.

4. 일본 상용한자 중 한국어 초성자음 [ㄹ]이 들어가고 받침이 [ㅇ]인 한자음의 2음절째는 대부분 ウ로 발음된다. イ로 발음되는 한자는 冷(찰 랭), 令(하여금 령), 零(떨어질 령), 齢(齡)(나이 령), 鈴(방울 령), 霊(靈)(영묘할 령)이 있다. 특히 鈴(방울 령)자는 2음절째가 ン으로 발음되어 예외적이다.

Ⅱ. 동자이음한자(同字異音漢字)

內外(ナイガイ) 내외 ‖ 内裏(ダイリ) 天皇이 사는 대궐.

露出(ロシュツ) 노출 ‖ 披露(ヒロウ) 피로

流動(リュウドウ) 유동 ‖ 流布(ルフ) 유포

留学(リュウガク) 유학 ‖ 留守(ルス) 부재 중

権力(ケンリョク) 권력 ‖ 力量(リキリョウ) 역량

緑茶(リョクチャ) 녹차 ‖ 緑青(ロクショウ) 녹청

法律(ホウリツ) 법률 ‖ 律儀(リチギ) 의리가 두터움.

男子(ダンシ) 남자 ‖ 長男(チョウナン) 장남

南北(ナンボク) 남북 ‖ 南無(ナム) 나무

収納(シュウノウ) 수납 ‖ 納得(ナットク) 납득 ‖ 納屋(ナヤ)헛간 ‖ 納戸(ナンド)의
복・가구 따위를 간직하여 두는 방 ‖ 出納(スイトウ) 출납

独立(ドクリツ) 독립 ‖ 建立(コンリュウ)건립

糧食(リョウショク) 양식 ‖ 兵糧(ヒョウロウ) 군량

電鈴(デンレイ) 전령 ‖ 風鈴(フウリン) 풍경

霊感(レイカン) 영감 ‖ 悪霊(アクリョウ) 악령

Ⅲ. 단어학습

□ 耐える	たえる	견디다	□ 努める	つとめる	힘쓰다
□ 怒る	おこる	노하다	□ 悩む	なやむ	고민하다
□ 悩ます	なやます	괴롭히다	□ 尼	あま	비구니
□ 泥	どろ	진흙	□ 裸	はだか	알몸
□ 来す	きたす	오게하다. 초래하다	□ 励む	はげむ	힘쓰다
□ 励ます	はげます	격려하다	□ 戻る	もどる	돌아오다
□ 戻す	もどす	되돌리다.	□ 旅	たび	여행
□ 麗しい	うるわしい	아름답다	□ 例える	たとえる	예를들다. 비유하다
□ 老いる	おいる	늙다	□ 老ける	ふける	나이를 먹다. 늙다
□ 露	つゆ	이슬	□ 雷	かみなり	천둥,우뢰
□ 頼む	たのむ	의뢰하다	□ 頼もしい	たのもしい	미덥다
□ 頼る	たよる	의지하다	□ 涙	なみだ	눈물
□ 漏らす	もらす	새게하다. 누설하다	□ 漏れる	もれる	새다
□ 類い	たぐい	종류	□ 柳	やなぎ	버드나무
□ 流れる	ながれる	흐르다	□ 留まる	とまる	머무르다
□ 利く	きく	잘 움직이다	□ 履く	はく	신다
□ 裏	うら	뒤	□ 離れる	はなれる	떨어지다

□ 里	さと	마을	□ 絡む	からむ	얽히다
□ 暦	こよみ	달력	□ 麓	ふもと	산기슭
□ 暖かい	あたたかい	따뜻하다	□ 乱れる	みだれる	어지럽다
□ 練る	ねる	반죽하다	□ 輪	わ	바퀴
□ 隣	となり	이웃	□ 劣る	おとる	뒤떨어지다
□ 裂ける	さける	찢어지다	□ 緑	みどり	녹색, 초록
□ 臨む	のぞむ	임하다	□ 納める	おさめる	납입하다
□ 粒	つぶ	알	□ 濃い	こい	짙다
□ 冷たい	つめたい	차다	□ 量る	はかる	헤아리다
□ 涼しい	すずしい	서늘하다	□ 糧	かて	양식
□ 鈴	すず	방울	□ 霊	たま	영혼
□ 弄ぶ	もてあそぶ	가지고 놀다	□ 籠	かご	바구니
□ 籠る	こもる	틀어 박히다	□ 陵	みささぎ	능

Ⅳ. 문제

1. 가타카나로 제시된 음과 다르게 읽히는 한자를 고르세요.

1) ノウ   ① 悩   ② 脳   ③ 農   ④ 努

2) ライ   ① 戻   ② 雷   ③ 頼   ④ 来

3) ラク   ① 落   ② 絡   ③ 諾   ④ 酪

4) ラン   ① 濫   ② 難   ③ 欄   ④ 卵

5) リュウ   ① 療   ② 粒   ③ 龍   ④ 柳

6) リョウ   ① 寮   ② 領   ③ 隆   ④ 陵

7) リン   ① 輪   ② 倫   ③ 臨   ④ 廉

8) ルイ   ① 類   ② 隷   ③ 累   ④ 涙

9) レツ   ① 律   ② 列   ③ 劣   ④ 裂

10) ロウ   ① 漏   ② 賂   ③ 楼   ④ 朗

2. 가타카나로 제시된 음과 다르게 읽히는 한어를 고르세요.

1) ノウエン　　①脳炎　　②濃艶　　③狼煙　　④農園

2) ラクショウ　①楽勝　　②落城　　③落掌　　④落照

3) ランセイ　　①濫製　　②乱世　　③卵生　　④錬成

4) リュウタイ　①流体　　②留題　　③隆替　　④留滞

5) リョウカン　①猟官　　②量感　　③僚艦　　④両岸

6) リンカン　　①林間　　②輪換　　③臨監　　④任官

7) レイカ　　　①雷火　　②冷夏　　③零下　　④霊化

8) レイジョウ　①例証　　②礼状　　③令嬢　　④霊場

9) レンセイ　　①錬成　　②連星　　③連載　　④廉正

10) ロウショウ　①労相　　②楼上　　③老将　　④朗唱

쉬어가기

「いしゅく」は、「萎縮」vs.「委縮」、どっち?

　どちらの表記も用いられるが、「萎縮」が標準的な表記。「萎縮」は生気をなくしてち
ぢこまること。しおれるという意味の「萎」を用いた「萎縮」が本来の書き方だ。しかし、
常用漢字表に「萎」の字がなかったため、常用漢字である「委」を用いた「委縮」が代用
表記として使われてきた。しかし、「委縮」はあまり定着せず、平成二二年の常用漢字表
の改定で「萎」が常用漢字となり、「萎縮」が改めて標準的な表記ということになった。

(北原保雄編『問題な日本語 その4』による)

---

3. 아래의 밑줄 친 부분의 한어를 어떻게 읽는지 괄호 안에 히라가나로 써 넣으세요.

1) 今の自分にはどれほどの忍耐力が備わっているか、チェックしてみよう。(　　　　)

2) 近代以前では、民間人を捕らえた場合でも捕虜と呼んだ。(　　　　)

3) ソニー社は「プレイステーション4」が3月2日の時点で世界累計600万台を突破し
　　たことを発表した。(　　　　)

4) この事務所には相続財産隠匿に関する悩みを抱える人がよく来る。(　　　)

5) 日本の大学入試における公民という教科は政治・経済、倫理、現代社会の3科目である。(　　　)

6) 劣等感とは、他人に対して自分が劣っていると感じる事である。(　　　)

7) 正しい捻挫の治療方法を教えてください。(　　　)

8) 近所に住む猟師のおじいちゃんの影響で、僕は猟師になった。(　　　)

9) 最近、自然環境を利用した冷却方式が注目されている。(　　　)

10) 木村代表はSNS(ソーシャルネットワークサービス)空間で嘲弄の対象になった。

(　　　)

4. 다음 밑줄 친 부분의 한자표기어를 어떻게 읽는지 괄호 안에 히라가나로 써 넣으세요.

1) 何があっても怒るまいと努める。(　　　)

2) 資金が整い安心して商売に励むことができた。(　　　)

3) 古い家なので話し声が外に漏れる。(　　　)

4) この山はてっぺんから麓まで、たくさんの魅力が秘められている。(　　　)

5) 経済危機で国の秩序が乱れる。(　　　)

6) 雷で木が大きく裂ける光景を目撃した。(　　　)

7) 彼は裁判に臨むに当たり書類を整える。(　　　)

8) いまが税金を税務署に納める時期だ。(　　　)

9) 陵とは尾根の長い大きな丘の意味である。(　　　)

10) いつも弟は靴下を脱いで素足にサンダルを履く。(　　　)

『상용한자표』에서 '枠'는 '와쿠(わく)'와 같이 히라가나 표기로 나타나며, 훈독으로 처리되고 있다. 단 이 단어의 어원은 '籰'로 '얼레(いとわく)'를 의미하는 글자의 음독 '와쿠(ワク)'이다. 그 자체는 '桙(ソツ ほぞ)'의 약자로 볼 수 있으며, 일반적으로 고쿠지로 취급되고 있다.

또한 '마리'를 셀 때 쓰는 '匹'은 『상용한자표』에서 '히쓰(ヒツ)'가 자음, '히키(ひき)'가 자훈으로 나온다. 『당용한자음훈표』가 1972년경에 개정되었을 때, '匹'의 '히키(ひき)', '州'의 '스(す)', '奥'의 '오쿠(おく)'가 음독에서 훈독으로 변경되었다. '히키'는 '히쓰'로부터 관용적으로 파생된 자음일 가능성도 있지만 고유일본어 '히키(引き)'에서 왔다는 등 여러 설이 있어 훈독으로 되었다. 한 마리, 두 마리, 세 마리의 경우 '잇피키·니히키·산비키(一匹·二匹·三匹)'와 같이 'p', 'h', 'b' 처럼 발음이 변하는 것은 다른 조수사(助数詞), 예를 들어 가늘고 긴 물건을 셀 때 쓰는 '혼(本ホン)'도 마찬가지다. '州(洲)'의 '스(す)'는 자음 '슈(シュウ(シュ))'에서 왔다는 설이 있으며, 또 관용음으로 보는 견해도 있다.

(笹原宏之著『訓読みのはなし』による)

5. 다음 한자의 부수를 예에서 찾아 기호로 답하세요.

> 例
>
> ア. 广(まだれ)   イ. 尸(しかばね)   ウ. 罒(よんがしら)
>
> エ. 酉(さけのとり)   オ. 車(くるま)

1) 尼(중 니)   (   )

2) 羅(그물 라)   (   )

3) 酪(유즙 락)   (   )

4) 輪(바퀴 륜)   (   )

5) 廉(청렴할 렴)   (   )

6. 다음 한어의 구성이 예의 ア～オ 중에 어느 것에 해당하는 지 하나를 골라 기호로 답하세요.

例
ア. 同じような意味の漢字を重ねたもの(岩石)

イ. 反対または対応の意味を表す字を重ねたもの(高低)

ウ. 前の字が後ろの字を修飾しているもの(洋画)

エ. 後ろの字が前の字の目的語・補語になっているもの(着席)

オ. 前の字が後ろの字の意味を打ち消しているもの(非常)

1) 納棺のうかん   (   )

2) 虜囚りょしゅう   (   )

3) 廉価れんか   (   )

4) 納涼のうりょう   (   )

5) 任免にんめん   (   )

7. 다음 괄호 안에 두 글자 한어를 넣어 사자성어 한어를 완성시키세요.

1) (   )集散 [離れたり集まったりすること]

2) 老若(   ) [年寄りと若者、男と女]

3) 難攻(   ) [攻めにくく簡単には陥落しないこと]

4) 内柔(   ) [内は柔らかで外は剛い意]

5) (   )応変 [状況や事態の変化に応じて適切な処置をすること]

8. 다음 문에는 동일한 일본한자음이지만 틀리게 사용된 한자가 한 자 있다. 왼쪽 괄호에는 잘못 사용된 한자를, 오른쪽 괄호에는 올바른 한자를 써 넣으세요.

1) 彼は長く演劇界に君隣してきた名優だ。   (   ) (   )

2) 日本の食糧自給律は低い。   (   ) (   )

3) 膨大な資糧をもとに論文を完成させた。   (   ) (   )

4) これは長年に渡って書き上げた老作だ。   (   ) (   )

5) 日本の少子高零社会について考える。   (   ) (   )

V. 정리하기

▎일본 상용한자 2136자중 한국어 초성자음 [ㄴ]·[ㄹ]이 들어가는 한자음

1. 일본 상용한자 중 한국어 초성자음 [ㄴ]이 들어가는 한자음의 1음절째는 받침의 유무를 막론하고 대부분 ナ行 또는 ダ行으로 발음된다. 일부 タイ耐(견딜 내), トク匿(숨을 닉)자는 タ行으로 읽혀진다. 納(들일 납)자도 예외적으로 出納(スイトウ)의 경우 タ行으로 읽혀진다.

2. 일본 상용한자 중 한국어 초성자음 [ㄹ]이 들어가는 한자음의 1음절째는 받침의 유무를 막론하고 ラ行으로 발음된다.

3. 일본 상용한자 중 한국어 초성자음 [ㄹ]이 들어가고 받침이 없는 한자음 중, 2음절로 나타나는 한자의 경우 2음절째는 イ 또는 ウ가 일반적이다. 厘(리 리)자는 예외적으로 2음절째가 ン으로 발음된다.

4. 일본 상용한자 중 한국어 초성자음 [ㄴ]이 들어가고 받침이 있는 한자음은 일본어로는 대부분 2음절로 발음된다. 南無(ナム)의 경우 南(남녘 남)자와 納屋(ナヤ)의 경우 納(들일 납)자만이 1음절로 읽혀지는 경우가 있다.

5. 일본 상용한자 중 한국어 초성자음 [ㄹ]이 들어가고 받침이 있는 한자음은 일본어로는 2음절로 발음된다.

6. 한국어 받침에 대한 일본어 2음절째의 발음을 정리하면 아래의 표와 같다.

받침	발음	예외
ㄱ	ク또는 キ	
ㄴ	ン	
ㄹ	ツ	律(법 률) 예 律儀(リチギ)의리가 두터움.
ㅁ	ン	
ㅂ	ウ	納(들일 납) 예 納得(ナットク)납득 / 納屋(ナヤ)헛간 / 納戸(ナンド)의복·가구 따위를 간직하여 두는 방. リツ 立(설 립)
ㅇ	ウ또는 イ	鈴(방울 령) 예 風鈴(フウリン)풍경.

▎일본 상용한자 2136자중 한국어 초성자음 [ㄴ]·[ㄹ]이 들어가는 한자의 훈독 단어학습

| 일본 상용한자 2136자중 한국어 초성자음 [ㄴ]·[ㄹ]이 들어가는 한자를 이용한 문제 풀이
  - 한자 및 한어 음독 문제
  - 한자의 훈독, 부수, 한어구성, 사자성어, 오자정정 문제

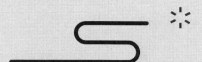

제7과

한국어 초성자음 [ㅁ]이 들어가는 상용한자

학습목표

　이번 강의에서는 일본 상용한자 2136자 중 한국어 초성자음 [ㅁ]이 들어가는 한자를 대상으로 한자의 음독, 훈독연습을 비롯해 다양한 문제를 풀어본다. 또한 일본 상용한자에 제시된 훈을 단어학습을 통해 세밀하게 학습한다.

　이렇게 함으로써 일본 상용한자에 익숙해 짐과 동시에 일본에서 실시하는 공인일본한자능력검정시험 대비도 할 수 있도록 한다.

일본 상용한자 중 한국어 초성자음 [ㅁ]이 들어가는 한자음을 한국어와 일본어의 한자음의 대응관계를 통해 학습한다.

◎ 일본 상용한자 중 한국어 초성자음 [ㅁ]이 들어가고 받침이 없는 한자음

마	マ	摩(갈), 磨(갈), 魔(마귀), 麻(삼)
	バ	馬(말)
매	バイ	媒(중매), 買(살), 梅(梅)(매화), 売(賣)(팔)
	マイ	埋(묻을), 妹(누이), 枚(종이), 毎(毎)(매양), 昧(새벽)
	バ	罵(욕할)
	ミ	魅(호릴)
모	ブ	侮(侮)(업신여길)
	ボ	募(모을), 慕(사모할), 暮(저물), 母(어미)
	ボウ	冒(무릅쓸), 帽(모자), 某(아무), 貌(얼굴)
	ボウ/ム	謀(꾀)

예 謀略(ボウリャク)모략 / 謀反(ムホン)모반

| | ム | 矛(세모진) |
| | ボ/モ | 模(법) |

예 規模(キボ)규모 / 模範(モハン)모범

| | モウ | 毛(털) |
| | モウ/コウ | 耗(줄) |

예 消耗(ショウモウ)소모 / 心神耗弱(シンシンコウジャク)심신모약. 심신의 정상적인 활동이 극히 곤란 한 상태.

| 묘 | ビョウ | 描(모뜰), 猫(고양이), 苗(모) |
| | ボ | 墓(무덤) |

	ミョウ	妙(묘할)
무	ム/ブ	武(굳셀)
		例 荒武者(アラムシャ)예의와 멋을 모르는 우악한 무사 / 武力(ブリョク)무력
	ブ	舞(춤출)
	ボウ	貿(무역할)
	ム	務(힘쓸), 無(없을), 霧(안개)
	モ	茂(무성할)
미	ビ	尾(꼬리), 微(작을), 美(아름다울)
	ミ	味(맛), 未(아닐)
	ビ/ミ	眉(눈썹)
		例 眉間(みけん)미간 / 眉雪(びせつ)미설
	メイ	迷(미혹할)
	ベイ/マイ	米(쌀)
		例 米作(ベイサク)쌀 농사 / 白米(ハクマイ)흰쌀

정리

1. 일본 상용한자 중 한국어 초성자음 [ㅁ]이 들어가고 받침이 없는 한자음의 1음절째는 대부분 マ行과 バ行이다.

2. 耗(줄 모)자만이 예외적으로 カ行으로도 읽히는 경우가 있다.

◉ 일본 상용한자 중 한국어 초성자음 [ㅁ]이 들어가고 받침이 ㄱ인 한자음

막	バク	漠(사막)
	マク/バク	幕(장막)
		例 天幕(テンマク)천막 / 幕府(バクフ)막부
	マク	膜(막)
맥	バク	麦(麥)(보리)

	ミャク	脈(맥)
목	ボク	牧(칠), 睦(화목할)
	ボク/モク	木(나무), 目(눈)
		예 土木(ドボク)토목 / 樹木(ジュモク)수목
		面目(メンボク)면목 / 項目(コウモク)항목
묵	ボク	墨(墨)(먹)
	モク	黙(默)(잠잠할)

[정리]

1. 일본 상용한자 중 한국어 초성자음 [ㅁ]이 들어가고 받침이 ㄱ인 한자음의 1음절째는 マ行과 バ行이다.

2. 일본 상용한자 중 한국어 초성자음 [ㅁ]이 들어가고 받침이 ㄱ인 한자음은 일본어로는 2음절로 발음되고 2음절째는 ク가 온다.

◉ 일본 상용한자 중 한국어 초성자음 [ㅁ]이 들어가고 받침이 ㄴ인 한자음

만	バン	晩(저물), 蛮(蠻)(오랑캐)
	マン	慢(게으를), 漫(부질없을), 満(滿)(찰)
	マン/バン	万(萬)(일만)
		예 万年筆(マンネンヒツ)만년필 / 万全(バンゼン)만전
	ワン	湾(灣)(물굽이)
면	ベン	勉(힘쓸)
	ミン	眠(쉴)
	メン	綿(솜), 面(낯), 免(면할), 麺(면)
문	モン	問(물을), 紋(무늬), 門(문)
	モン/ブン	文(글월), 聞(들을)
		예 天文学(テンモンガク)천문학 / 文学(ブンガク)문학

聴聞(チョウモン)청문 / 新聞(シンブン)신문

| 민 | ビン | 敏(敏)(민첩할) |
| | ミン | 民(백성) |

1. 일본 상용한자 중 한국어 초성자음 [ㅁ]이 들어가고 받침이 ㄴ인 한자음의 1음절째는 대부분 マ行과 バ行이다. 湾(灣)(물굽이 만)자만이 ワン으로 ワ行으로 읽혀진다.

2. 일본 상용한자 중 한국어 초성자음 [ㅁ]이 들어가고 받침이 ㄴ인 한자음은 일본어로는 2음절로 발음되고 2음절째는 ン으로 발음된다.

◉ 일본 상용한자 중 한국어 초성자음 [ㅁ]이 들어가고 받침이 ㄹ인 한자음

말	マツ	抹(바를)
	マツ/バツ	末(끝)
		예 粉末(フンマツ)분말 / 末弟(バッテイ)막내동생
멸	メツ	滅(멸할)
	ベツ	蔑(업신여길)
몰	ボツ	没(잠길)
물	ブツ/モツ	物(만물)
		예 人物(ジンブツ)인물 / 食物(ショクモツ)식물
밀	ミツ	密(빽빽할), 蜜(꿀)

1. 일본 상용한자 중 한국어 초성자음 [ㅁ]이 들어가고 받침이 ㄹ인 한자음의 1음절째는 マ行과 バ行이다.

2. 일본 상용한자 중 한국어 초성자음 [ㅁ]이 들어가고 받침이 ㄹ인 한자음은 일본어로는 2음절로 발음되고 2음절째는 ツ로 발음된다.

망 ボウ 忘(잊을), 忙(바쁠)

モウ 網(그물)

ボウ/モウ 亡(망할), 望(바랄), 妄(망령될)

［예］亡命(ボウメイ)망명 / 亡者(モウジャ)망자

希望(キボウ)희망 / 大望(タイモウ)대망

妄言(ボウゲン)망언 / 妄想(モウソウ)망상

맹 メイ 盟(맹세)

モウ 猛(사나울), 盲(소경)

명 メイ 銘(새길), 鳴(울)

メイ/ミョウ 名(이름), 命(목숨), 明(밝을), 冥(어두울)

［예］名誉(メイヨ)명예 / 本名(ホンミョウ)본명

運命(ウンメイ)운명 / 寿命(ジュミョウ)수명

明暗(メイアン)명암 / 光明(コウミョウ)광명

冥福(メイフク)명복 / 冥加(ミョウガ)신불의 은혜

몽 ム 夢(꿈)

［정리］

1. 일본 상용한자 중 한국어 초성자음 [ㅁ]이 들어가고 받침이 ㅇ인 한자음의 1음절째는 マ行과 バ行이다.

2. 일본 상용한자 중 한국어 초성자음 [ㅁ]이 들어가고 받침이 ㅇ인 한자음은 일본어로는 대부분 2음절로 발음되고 2음절째는 대부분 ウ로 발음된다. 예외적으로 夢(꿈 몽)자는 ム로 1음절로 발음된다.

米作(ベイサク) 쌀 농사 ∥ 白米(ハクマイ) 흰쌀

謀略(ボウリャク) 모략 ∥ 謀反(ムホン) 모반

消耗(ショウモウ) 소모 ∥ 心神耗弱(シンシンコウジャク) 심신모약. 심신의 정상적인 활동이

극히 곤란한 상태.

荒武者(アラムシャ) 예의와 멋을 모르는 우악한 무사 ∥ 武力(ブリョク) 무력

眉間(ミケン) 미간 ∥ 眉雪(ビセツ) 미설

天幕(テンマク) 천막 ∥ 幕府(バクフ) 막부

土木(ドボク) 토목 ∥ 樹木(ジュモク) 수목

万年筆(マンネンヒツ) 만년필 ∥ 万全(バンゼン) 만전

天文学(テンモンガク) 천문학 ∥ 文学(ブンガク) 문학

聴聞(チョウモン) 청문 ∥ 新聞(シンブン) 신문

人物(シンブツ) 인물 ∥ 食物(ショクモツ) 식물

亡命(ボウメイ) 망명 ∥ 亡者(モウジャ) 망자

希望(キボウ) 희망 ∥ 大望(タイモウ) 대망

妄言(ボウゲン) 망언 ∥ 妄想(モウソウ) 망상

名誉(メイヨ) 명예 ∥ 本名(ホンミョウ) 본명

運命(ウンメイ) 운명 ∥ 寿命(ジュミョウ) 수명

明暗(メイアン) 명암 ∥ 光明(コウミョウ) 광명

冥福(メイフク) 명복 ∥ 冥加(ミョウガ) 신불의 은혜

☐ 磨く	みがく	갈다	☐ 麻	あさ	삼베
☐ 埋める	うめる	묻다	☐ 埋まる	うまる	매워지다
☐ 売れる	うれる	팔리다	☐ 梅	うめ	매화
☐ 妹	いもうと	여동생	☐ 罵る	ののしる	매도하다
☐ 侮る	あなどる	경시하다	☐ 募る	つのる	모으다
☐ 慕う	したう	사모하다	☐ 暮れる	くれる	저물다
☐ 暮らす	くらす	보내다. 살다	☐ 冒す	おかす	더럽히다
☐ 謀る	はかる	꾀하다	☐ 毛	け	털
☐ 矛	ほこ	창	☐ 墓	はか	무덤
☐ 猫	ねこ	고양이	☐ 描く	えがく	묘사하다
☐ 苗	なえ	모종	☐ 舞う	まう	춤추다
☐ 務める	つとめる	힘쓰다	☐ 霧	きり	안개
☐ 茂る	しげる	무성하다	☐ 味わう	あじわう	맛보다
☐ 尾	お	꼬리	☐ 眉	まゆ	눈썹
☐ 米	こめ	쌀	☐ 迷う	まよう	헤매다
☐ 麦	むぎ	보리	☐ 牧	まき	목장
☐ 墨	すみ	먹	☐ 黙る	だまる	잠잠하다
☐ 満ちる	みちる	차다	☐ 満たす	みたす	채우다
☐ 眠い	ねむい	졸리다	☐ 眠る	ねむる	자다
☐ 綿	わた	면	☐ 面	つら	얼굴. 모양
☐ 免れる	まぬかれる	면하다	☐ 問う	とう	묻다
☐ 文	ふみ	서한	☐ 門	かど	문. 집 앞
☐ 民	たみ	백성. 인민	☐ 滅びる	ほろびる	멸하다
☐ 滅ぼす	ほろぼす	멸망시키다. 망치다	☐ 蔑む	さげすむ	업신여기다
☐ 末	すえ	끝	☐ 名	な	이름
☐ 命	いのち	생명	☐ 明るむ	あかるむ	밝아지다
☐ 明らむ	あからむ	(동이 터서) 훤해지다	☐ 忘れる	わすれる	잊다
☐ 忙しい	いそがしい	바쁘다	☐ 網	あみ	그물

| □ 望む | のぞむ | 바라다 | □ 鳴く | なく | 울다 |
| □ 鳴らす | ならす | 울리다 | □ 夢 | ゆめ | 꿈 |

Ⅳ. 문제

1. 가타카나로 제시된 음과 다르게 읽히는 한자를 고르세요.

1) ボ   ① 募   ② 侮   ③ 慕   ④ 墓

2) マ   ① 摩   ② 磨   ③ 麻   ④ 罵

3) ム   ① 無   ② 務   ③ 茂   ④ 霧

4) バク   ① 膜   ② 漢   ③ 麦   ④ 爆

5) ビョウ   ① 描   ② 猫   ③ 苗   ④ 妙

6) ボウ   ① 侮   ② 帽   ③ 忙   ④ 某

7) マイ   ① 妹   ② 枚   ③ 媒   ④ 埋

8) マン   ① 漫   ② 蛮   ③ 慢   ④ 満

9) メイ   ① 銘   ② 鳴   ③ 俵   ④ 盟

10) モウ   ① 網   ② 猛   ③ 膨   ④ 毛

2. 가타카나로 제시된 음과 다르게 읽히는 한어를 고르세요.

1) バイカ   ① 売価   ② 拝賀   ③ 倍加   ④ 梅花

2) ボウケン   ① 冒険   ② 妄言   ③ 望見   ④ 剖検

3) ボシ   ① 母子   ② 墓誌   ③ 暮歯   ④ 保持

4) マイソウ   ① 埋葬   ② 埋蔵   ③ 昧爽   ④ 埋草

5) マンプク   ① 満腹   ② 万福   ③ 反復   ④ 満幅

6) ミカン   ① 未完   ② 蜜柑   ③ 味感   ④ 美観

7) ムチュウ   ① 夢中   ② 無腸   ③ 霧中   ④ 無柱

8) メイキ   ① 銘記   ② 明記   ③ 名技   ④ 名器

9) モクシ 　　① 目次　　② 目視　　③ 黙示　　④ 牧士

10) モンチュウ　① 紋帳　　② 門柱　　③ 問注　　④ 門中

3. 아래의 밑줄 친 부분의 한어를 어떻게 읽는지 괄호 안에 히라가나로 써 넣으세요.

　　1) これはサイドが磨耗したことによって起こる現象である。(　　　　　)

　　2) 中国経済の矛盾が露呈し始めている。(　　　　　)

　　3) 初心者にとって描写と説明の区別は難しい。(　　　　　)

　　4) 微妙な判定の際には競技場内でリプレイ映像を流すようになっている。(　　　　　)

　　5) 耳かきで鼓膜をこすってしまっている人が意外と多いそうだ。(　　　　　)

　　6) 現代の科学者は、牧畜をやれば土地は肥えるはずだという。(　　　　　)

　　7) 最近慢性頭痛に苦しむ人が多そうだ。(　　　　　)

　　8) このごろたばこを軽蔑する人もいるようだ。(　　　　　)

　　9) この辞典はあらゆるゲーム用語を網羅したものである。(　　　　　)

　　10) 日本が序盤に猛攻を見せた。(　　　　　)

4. 다음 밑줄 친 부분의 한자표기어를 어떻게 읽는지 괄호 안에 히라가나로 써 넣으세요.

　　1) 最愛の人を失った悲しみを埋めるため仕事に没頭する。(　　　　　)

2) 兄はいつも亡き母の面影を慕う。(　　　　)

3) 庭の植木が茂れば外から見えなくなる。(　　　　　)

4) 妻は怒ると黙るくせがある。(　　　　　)

5) 彼は危うく事故を免れることができた。(　　　　　)

6) 核戦争が起これば地球は滅びるだろう。(　　　　　)

7) 人を蔑む行為はしてはいけない。(　　　　)

8) 弟は親の望むとおり医者になった。(　　　　)

9) 夕暮れ時、からすが鳴きながら飛んで行く。(　　　　　)

10) チームは結束を忘れると負けるものだ。(　　　　)

미니상식　　**국명의 훈독**

　국명에 있어서 일본과 중국에서 음역이 맡은 기능의 차이는 더욱 현저하다. 예를 들면 일본인이 '仏蘭西'라는 한자를 '프랑스'처럼 字音에 구애받지 않고도 읽을 수 있는 것은 역시 일본어에 훈독이 있기 때문이다.이것은 청나라 때 처음에는 광동어에 의한 음역으로 추측되고 있다. '仏＝호토케(ほとけ)'라는 글자가 사용된 것은 의미가 아니라 'f'에 가까운 발음의 글자가 선택되었기 때문이다. '仏蘭西'는 북경어로 발음하면 '포란시'와 같이 한자음에 충실하게 읽게 되는데, 프랑스어나 영어의 원음과는 다소 차이가 있다.

　한국에서도 프랑스를 '佛蘭西'라고 표기하는데, 발음은 '불란서'로 어디까지나 한자 한 글자씩 음독으로 읽는다.이에 대해 일본에서는 '난후쯔(南仏ナンフツ:남프랑스)'라던가 '후쯔고(仏語フツゴ:프랑스어)'처럼 줄여서 말하는 경우는 있어도 '仏蘭西'의 세 글자를 한 글자씩 '후쓰·란·세이(フツ·ラン·セイ)'라고는 결코 읽지 않는다.

(笹原宏之著『訓読みのはなし』による)

5. 다음 한자의 부수를 예에서 찾아 기호로 답하세요.

例
ア. 冖(わかんむり)　　イ. 鬼(おに)　　ウ. 目(め)

エ. 毋(なかれ)　　オ. 攵(ぼくづくり)

1) 魔(마귀 마)　　　　(　　)

2) 冒(무릅쓸 모)　　　(　　)

3) 毎(매양 매)　　　　(　　)

4) 敏(민첩할 민)　　　(　　)

5) 冥(어두울 명)　　　(　　)

6. 다음 한어의 구성이 예의 ア〜オ 중에 어느 것에 해당하는 지 하나를 골라 기호로 답하세요.

例
ア. 同じような意味の漢字を重ねたもの(岩石)

イ. 反対または対応の意味を表す字を重ねたもの(高低)

ウ. 前の字が後ろの字を修飾しているもの(洋画)

エ. 後ろの字が前の字の目的語・補語になっているもの(着席)

オ. 前の字が後ろの字の意味を打ち消しているもの(非常)

1) 未明みめい　　　(　　)

2) 摩擦まさつ　　　(　　)

3) 妙齢みょうれい　(　　)

4) 滅菌めっきん　　(　　)

5) 美醜びしゅう　　(　　)

7. 다음 괄호 안에 두 글자 한어를 넣어 사자성어 한어를 완성시키세요.

1) 満場(　　　　) [その場にいる人々全員の意見が一致すること]

2) 無為(　　　　) [何もしないでただぶらぶらとして日を過ごすこと]

3) 滅私(　　　　) [自分をかえりみることなく、国家や主人などのために忠誠を尽くすこと]

4) 孟母(　　　　) [孟子の母が、孟子に環境の悪い影響がおよぶのを避けるため、三度にわたって住居を移した故事]

5) 物我(　　　　) [仏教で、物と我とが、分け隔てなく一つになること]

8. 다음 문에는 동일한 일본한자음이지만 틀리게 사용된 한자가 한 자 있다. 왼쪽 괄호에는 잘못 사용된 한자를, 오른쪽 괄호에는 올바른 한자를 써 넣으세요.

1) 写真コンクールの応慕作品を厳正に審査した。　　　　　　(　　)(　　)

2) 全品百円の店は安価で便利な商品が豊富で買い物客には味力的だ。(　　)(　　)

3) これは無農薬野菜を使った母自満の手料理だ。　　　　　　(　　)(　　)

4) 政局は混明の度合いを深めた。　　　　　　　　　　　　(　　)(　　)

5) 今年の夏は網暑になるそうだ。　　　　　　　　　　　　(　　)(　　)

Ⅴ. 정리하기

- 일본 상용한자 2136자중 한국어 초성자음 [ㅁ]이 들어가는 한자음

1. 일본 상용한자 중 한국어 초성자음 [ㅁ]이 들어가는 한자음의 1음절째는 받침의 유무를 막론하고 대부분 バ行 또는 マ行으로 발음된다. 湾(灣)(물굽이 만)자는 ワン으로 읽혀 예외적이며 耗(줄 모)자도 예외적으로 カ行으로도 읽히는 경우가 있다.

2. 일본 상용한자 중 한국어 초성자음 [ㅁ]이 들어가고 받침이 들어가는 한자음은 일본어로는 대부분 2음절로 발음된다. 夢(꿈 몽)자가 ム의 1음절로 발음되는 것은 예외적이다.

3. 한국어의 받침에 대한 일본어 2음절째의 발음을 정리하면 아래의 표와 같다.

받침	발음	예외
ㄱ	ク	
ㄴ	ン	
ㄹ	ツ	
ㅇ	ウ 또는 イ	ム夢(꿈 몽)

■ 일본 상용한자 2136자중 한국어 초성자음 [ㅁ]이 들어가는 한자의 훈독 단어학습

■ 일본 상용한자 2136자중 한국어 초성자음 [ㅁ]이 들어가는 한자를 이용한 문제풀이
  • 한자 및 한어 음독 문제
  • 한자의 훈독, 부수, 한어구성, 사자성어, 오자정정 문제

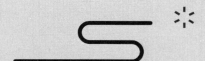

제8과

한국어 초성자음 [ㅍ]이 들어가는 상용한자

학습목표

　이번 강의에서는 일본 상용한자 2136자 중 한국어 초성자음 [ㅍ]이 들어가는 한자를 대상으로 한자의 음독, 훈독연습을 비롯해 다양한 문제를 풀어본다. 또한 일본 상용한자에 제시된 훈을 단어학습을 통해 세밀하게 학습한다.

　이렇게 함으로써 일본 상용한자에 익숙해 짐과 동시에 일본에서 실시하는 공인일본한자능력검정시험 대비도 할 수 있도록 한다.

일본 상용한자 중 한국어 초성자음 [ㅍ]이 들어가는 한자음을 한국과 일본의 한자음의 대응관계를 통해 학습한다.

◉ 일본 상용한자 중 한국어 초성자음 [ㅍ]이 들어가고 받침이 없는 한자음

파	ハ	把(잡을), 波(물결), 派(물갈래), 破(부술)
	バ	婆(할미)
	ヒ	罷(파할)
패	ハ	覇(으뜸)
	ハイ	敗(패할)
폐	ハイ	肺(폐), 廃(廢)(폐할)
	ヘイ	幣(비단), 弊(폐단), 閉(닫을), 陛(섬돌), 蔽(가릴)
포	フ	布(베), 怖(두려울)
	ホ	捕(잡을), 浦(물가), 舗(펼), 哺(먹을)
	ホウ	包(包)(쌀), 抱(抱)(안을), 泡(泡)(거품), 砲(砲)(대포), 胞(胞)(껍질), 飽(飽)(배부를), 褒(기릴)
표	ヒョウ	俵(나누어줄), 標(표할), 漂(뜰), 票(표), 表(겉)
피	ヒ	彼(저), 披(펼), 疲(피곤할), 皮(껍질), 被(입을), 避(避)(피할)

──────────────────────────────────────

정리

1. 일본 상용한자 중 한국어 초성자음 [ㅍ]이 들어가고 받침이 없는 한자음의 1음절째는 대부분 ハ行이다.
2. バ行으로 읽혀지는 경우도 있는데 여기에서는 婆(할미 파)자만이 해당된다.

폭	バク	爆(터질)
	フク	幅(폭)
	ボウ/バク	暴(햇빛 쪼일)
		例 暴言(ボウゲン)폭언 / 暴露(バクロ)폭로

정리 ─────────────────────────────

1. 일본 상용한자 중 한국어 초성자음 [ㅍ]이 들어가고 받침이 ㄱ인 한자음의 1음절째는 ハ行과 バ行이다.
2. 일본 상용한자 중 한국어 초성자음 [ㅍ]이 들어가고 받침이 ㄱ인 한자음은 일본어로는 2음절로 발음되고 2음절째는 ク가 온다. 예외적으로 暴(햇빛 쪼일 폭)자에 한해서 2음절째가 ウ로 발음되는 경우가 있다.

◉ 일본 상용한자 중 한국어 초성자음 [ㅍ]이 들어가고 받침이 ㄴ인 한자음

판	ハン	坂(비탈), 版(널), 販(팔), 阪(비탈)
	ハン/バン	判(판단할), 板(널조각)
		例 判定(ハンテイ)판정 / 大判(オオバン)넓은 지면. 타원형의 큰 금화.
		板刻(ハンコク)판각 / 板書(バンショ)판서
편	ヘン	偏(偏)(치우칠), 片(조각), 編(編)(엮을), 遍(遍)(두루)
	ベン／ビン	便(편할)
		例 便利(ベンリ)편리 / 便乗(ビンジョウ)편승

정리 ─────────────────────────────

1. 일본 상용한자 중 한국어 초성자음 [ㅍ]이 들어가고 받침이 ㄴ인 한자음의 1음절째는 ハ行과 バ行이다.
2. 일본 상용한자 중 한국어 초성자음 [ㅍ]이 들어가고 받침이 ㄴ인 한자음은 일본어로는 2음절로 발음되고 2음절째는 ン으로 발음된다.

◉ 일본 상용한자 중 한국어 초성자음 [ㅍ]이 들어가고 받침이 ㄹ인 한자음

| 팔 | ハチ | 八(여덟) |
| 필 | ヒツ | 匹(짝), 必(반드시), 筆(붓) |

정리 ─────────────────────────────────────

1. 일본 상용한자 중 한국어 초성자음 [ㅍ]이 들어가고 받침이 ㄹ인 한자음의 1음절째는 ハ行이다.
2. 일본 상용한자 중 한국어 초성자음 [ㅍ]이 들어가고 받침이 ㄹ인 한자음은 일본어로는 2음절로 발음되고 2음절째는 대부분 ツ로 발음된다. 八(여덟 팔)자만이 2음절째가 チ로 발음된다.

◉ 일본 상용한자 중 한국어 초성자음 [ㅍ]이 들어가고 받침이 ㅁ인 한자음

| 품 | ヒン | 品(물건) |

정리 ─────────────────────────────────────

1. 일본 상용한자 중 한국어 초성자음 [ㅍ]이 들어가고 받침이 ㅁ인 品(물건 품)자의 한자음의 1음절째는 ハ行이다.
2. 일본 상용한자 중 한국어 초성자음 [ㅍ]이 들어가고 받침이 ㅁ인 品(물건 품)자의 한자음은 일본어로는 2음절로 발음되고 2음절째는 ン으로 발음된다.

◉ 일본 상용한자 중 한국어 초성자음 [ㅍ]이 들어가고 받침이 ㅂ인 한자음

| 핍 | ボウ | 乏(가난할) |

정리 ─────────────────────────────────────

1. 일본 상용한자 중 한국어 초성자음 [ㅍ]이 들어가고 받침이 ㅂ인 乏(가난할 핍)자의 한자음의 1음절째는 バ行이다.
2. 일본 상용한자 중 한국어 초성자음 [ㅍ]이 들어가고 받침이 ㅂ인 乏(가난할 핍)자의 한자음은 일본어로는 2음절로 발음되고 2음절째는 ウ로 발음된다.

팽	ボウ	膨(부풀)
평	ヒョウ	評(평론할)
	ヘイ/ビョウ	平(평평할)
		예 公平(コウヘイ)공평 / 平等(ビョウドウ)평등
풍	フウ/フ	風(바람)
		예 風力(フウリョク)풍력 / 風情(フゼイ)풍치
	ホウ	豊(풍부할)

정리 ─────────────────────────────

1. 일본 상용한자 중 한국어 초성자음 [ㅍ]이 들어가고 받침이 ㅇ인 한자음의 1음절째는 ハ行과 バ行이다.

2. 일본 상용한자 중 한국어 초성자음 [ㅍ]이 들어가고 받침이 ㅇ인 한자음은 일본어로는 대부분 2음절로 발음되고 2음절째는 대부분 ウ로 발음된다. 예외적으로 風(바람 풍)자는 フ의 1음절로 발음될 때도 있다.

 II. 동자이음한자(同字異音漢字)

暴言(ボウゲン) 폭언 ‖ 暴露(バクロ) 폭로

判定(ハンテイ) 판정 ‖ 大判(オオバン) 넓은 지면. 타원형의 큰 금화.

板刻(ハンコク) 판각 ‖ 板書(バンショ) 판서

便利(ベンリ) 편리 ‖ 便乗(ビンジョウ) 편승

公平(コウヘイ) 공평 ‖ 平等(ビョウドウ) 평등

風力(フウリョク) 풍력 ‖ 風情(フゼイ) 풍치

Ⅲ. 단어학습

波	なみ	파도	破る	やぶる	부수다
破れる	やぶれる	찢어지다	敗れる	やぶれる	패하다
廃れる	すたれる	소용없게 되다	閉まる	しまる	꼭 닫히다
閉める	しめる	(문을)닫다	閉ざす	とざす	닫다. 잠그다
閉じる	とじる	닫다	布	ぬの	천
怖い	こわい	두렵다	捕まえる	つかまえる	붙잡다. 붙들다
捕まる	つかまる	붙잡히다	捕らえる	とらえる	잡다
捕らわれる	とらわれる	붙잡히다. 사로잡히다	包む	つつむ	싸다
抱える	かかえる	껴안다. 책임지다	抱く	だく	안다
泡	あわ	거품	飽かす	あかす	물리게 하다. 싫증나게 하다
飽る	あきる	싫증나다. 물리다	褒める	ほめる	칭찬하다
浦	うら	후미. 해변	俵	たわら	(쌀, 숯 등을 담는) 섬
漂う	ただよう	떠돌다. 유랑하다	表れる	あらわれる	나타나다
表す	あらわす	나타내다	表	おもて	겉
彼	かれ	그	疲れる	つかれる	피곤하다
皮	かわ	가죽	被る	こうむる	받다. 입다
避ける	さける	피하다	幅	はば	폭
暴く	あばく	파헤치다. 폭로하다	暴れる	あばれる	난동을 부리다
坂	さか	비탈	板	いた	판자
偏る	かたよる	치우치다	編む	あむ	엮다
便り	たより	편의. 편지	片	かた	둘 중의 한쪽
八つ	やっつ	여덟 개	匹	ひき	一마리
必ず	かならず	반드시	筆	ふで	붓
品	しな	물건	乏しい	とぼしい	모자라다. 가난하다
膨らむ	ふくらむ	부풀다. 규모가 커지다	膨れる	ふくれる	불룩해지다
平ら	たいらだ	평평하다	平	ひら	평평함. 보통
平らげる	たいらげる	평정하다. 먹어 치우다	坪	つぼ	평(토지 면적의 단위)
豊かだ	ゆたかだ	풍부하다			

1. 가타카나로 제시된 음과 다르게 읽히는 한자를 고르세요.

   1) ハ   ① 把 ② 破 ③ 覇 ④ 婆

   2) ヒ   ① 罷 ② 浦 ③ 疲 ④ 避

   3) ホ   ① 捕 ② 哺 ③ 怖 ④ 舗

   4) ハイ ① 肺 ② 廃 ③ 幣 ④ 敗

   5) ハン ① 品 ② 坂 ③ 版 ④ 販

   6) ヒツ ① 匹 ② 必 ③ 乏 ④ 筆

   7) ヒョウ ① 表 ② 評 ③ 膨 ④ 漂

   8) ヘイ ① 閉 ② 陛 ③ 幣 ④ 評

   9) ヘン ① 編 ② 阪 ③ 偏 ④ 片

   10) ホウ ① 貿 ② 包 ③ 飽 ④ 豊

2. 가타카나로 제시된 음과 다르게 읽히는 한어를 고르세요.

   1) ハイカン ① 廃刊 ② 配管 ③ 背汗 ④ 陪観

   2) ハイショク ① 敗色 ② 陪食 ③ 配色 ④ 廃職

   3) ハイタイ ① 敗退 ② 廃退 ③ 媒体 ④ 胚胎

   4) ハンテイ ① 判定 ② 番手 ③ 藩邸 ④ 反帝

   5) ヒケン ① 飛言 ② 披見 ③ 比肩 ④ 被験

   6) ヒロウ ① 疲労 ② 肥料 ③ 披露 ④ 卑陋

   7) ヒョウカ ① 評価 ② 氷河 ③ 氷菓 ④ 表価

   8) ヒョウソウ ① 表装 ② 氷霜 ③ 表層 ④ 病巣

   9) ヘイコウ ① 平行 ② 閉講 ③ 併合 ④ 並行

   10) ヘンサイ ① 偏在 ② 返済 ③ 変災 ④ 辺際

「ぜんじんみとう」は、「前人未踏」vs.「前人未到」、どっち?

　両方とも正しい表記だが、前後の文脈によって使い分けることがある。「前人未踏」は今まで誰も足を踏み入れていないことの意で、「前人未踏の秘境に挑む」などと使う。一方の「未到」は今まで誰も到達していないことの意で、「前人未到の記録を打ち立てる」などと使う。

(北原保雄編『問題な日本語　その4』による)

3. 아래의 밑줄 친 부분의 한어를 어떻게 읽는지 괄호 안에 히라가나로 써 넣으세요.

　　1) 指定都市教育委員会に依頼した体罰に係る実態把握の結果が出た。(　　　　)

　　2) 弊社とは自分の会社をへりくだっていう語である。(　　　　)

　　3) 道路通信標準のしくみを簡単に説明します。(　　　　)

　　4) 昼間イラクの市内で爆発事故が起こった。(　　　　)

　　5) 競争相手の社員が駅前で今年の新商品を販売している。(　　　　)

　　6) マラソンの時、水分補給は必ず必要だ。(　　　　)

　　7) ニューヨクは品格の高い国際都市のイメージを実現している。(　　　　)

　　8) 子供のころ、僕は貧乏だった。(　　　　)

　　9) 現在の宇宙は膨張している。(　　　　)

　　10) この学校は豊富なカリキュラムを提供している。(　　　　)

4. 다음 밑줄 친 부분의 한자표기어를 어떻게 읽는지 괄호 안에 히라가나로 써 넣으세요.

　　1) 柔道の試合でチャンピオンが挑戦者に敗れるときもある。(　　　　)

　　2) 流行はすぐに廃れるものだ。(　　　　)

　　3) 弟は母に抱きついて泣いている。(　　　　)

　　4) 私も一度飽きるほど酒を飲んでみたい。(　　　　)

5) 彼は海に漂う筏に身を任せた。(   )

6) 本人が気づかぬうちに周囲が迷惑を被ることもある。(   )

7) 隣国との経済摩擦を避けるために努力する。(   )

8) 警察は暴徒が街で暴れるのを抑えていた。(   )

9) 父は考え方が偏りすぎている。(   )

10) プレゼントに手袋を編む女性をみたことがある。(   )

5. 다음 한자의 부수를 예에서 찾아 기호로 답하세요.

例

ア. 匚(かくしがまえ)　　イ. 女(おんな)　　ウ. 艹(くさかんむり)

エ. 石(いしへん)　　オ. 辶(しんにょう)

1) 婆(할미 파)　　　(　　)

2) 蔽(가릴 폐)　　　(　　)

3) 砲(대포 포)　　　(　　)

4) 遍(두루 편)　　　(　　)

5) 匹(짝 필)　　　　(　　)

6. 다음 한어의 구성이 예의 ア〜オ 중에 어느 것에 해당하는 지 하나를 골라 기호로 답하세요.

例

ア. 同じような意味の漢字を重ねたもの(岩石)

イ. 反対または対応の意味を表す字を重ねたもの(高低)

ウ. 前の字が後ろの字を修飾しているもの(洋画)

エ. 後ろの字が前の字の目的語・補語になっているもの(着席)

オ. 前の字が後ろの字の意味を打ち消しているもの(非常)

1) 彼我ひが　　　　(　　)

2) 罷業ひぎょう　　(　　)

3) 破裂はれつ　　　(　　)

4) 飽食ほうしょく　(　　)

5) 豊凶ほうきょう　(　　)

7. 다음 괄호 안에 두 글자 한어를 넣어 사자성어 한어를 완성시키세요.

1) 八方(　　　　) [誰にも悪く思われないように如才(じょさい)なく振舞うこと]

2) 波瀾(　　　　) [物事の変化がきわめて激しいこと]

3) (　　　　)妄想 [ありもしない危害を受けていると思い込むこと]

4) 表裏(　　　　) [二つのものが表と裏のように密接な関係にあること]

5) (　　　　)方正 [行いや心が正しく、やましい点がないこと]

8. 다음 문에는 동일한 일본한자음이지만 틀리게 사용된 한자가 한 자 있다. 왼쪽 괄호에는 잘못 사용된 한자를, 오른쪽 괄호에는 올바른 한자를 써 넣으세요.

1) 会議は派乱含みの様相をみせた。　　　　　　　　(　) (　)

2) この業績はノーベル賞に必敵する。　　　　　　　(　) (　)

3) 洪水の避害状況を調査する。　　　　　　　　　　(　) (　)

4) 野生鳥獣を哺獲することは、一般的に禁じられている。(　) (　)

5) 披労回復には軽い運動も効果的だ。　　　　　　　(　) (　)

V. 정리하기

▎일본 상용한자 2136자중 한국어 초성자음 [ㅍ]이 들어가는 한자음

1. 일본 상용한자 중 한국어 초성자음 [ㅍ]이 들어가는 한자음의 1음절째는 받침의 유무를 막론하고 ハ行 또는 バ行으로 발음된다.

2. 일본 상용한자 중 한국어 초성자음 [ㅍ]이 들어가고 받침이 들어가는 한자음은 일본어로는 대부분 2음절로 발음된다. 風(바람 풍)자가 フ의 1음절로 발음될 때가 있는 것은 예외적이다.

3. 한국어의 받침에 대한 일본어 2음절째의 발음을 정리하면 아래의 표와 같다.

받침	발음	예외
ㄱ	ク	ボウ暴(햇빛 쪼일 폭) 예 暴言(ボウゲン)폭언
ㄴ	ン	
ㄹ	ッ	ハチ八(여덟 팔)
ㅁ	ン	
ㅂ	ウ	
ㅇ	ウ 또는 イ	フ風(바람 풍) 예 風情(フゼイ)풍치.

▎일본 상용한자 2136자중 한국어 초성자음 [ㅍ]이 들어가는 한자의 훈독 단어학습

▎일본 상용한자 2136자중 한국어 초성자음 [ㅍ]이 들어가는 한자를 이용한 문제풀이
- 한자 및 한어 음독 문제
- 한자의 훈독, 부수, 한어구성, 사자성어, 오자정정 문제

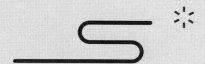

한국어 초성자음 [ㅂ]이 들어가는 상용한자

학습목표

　이번 강의에서는 일본 상용한자 2136자 중 한국어 초성자음 [ㅂ]이 들어가는 한자를 대상으로 한자의 음독, 훈독연습을 비롯해 다양한 문제를 풀어본다. 또한 일본 상용한자에 제시된 훈을 단어학습을 통해 세밀하게 학습한다.

　이렇게 함으로써 일본 상용한자에 익숙해 짐과 동시에 일본에서 실시하는 공인일본한자능력검정시험 대비도 할 수 있도록 한다.

Ⅰ. 한자음독강의

일본 상용한자 중 한국어 초성자음 [ㅂ]이 들어가는 한자음을 한국과 일본의 한자음의 대응관계를 통해 학습한다.

◎ 일본 상용한자 중 한국어 초성자음 [ㅂ]이 들어가고 받침이 없는 한자음

배 ハイ   俳(광대), 排(물리칠), 杯(잔), 背(등), 輩(무리), 配(짝지을), 拝(拜)(절)

      バイ   倍(곱), 培(북돋울)賠(배상할), 陪(모실)

보 フ   普(넓을), 譜(계보)

      ホ   保(보전할), 補(도울)

      ホ/ブ/フ   歩(步)(걸음)

           예 徒歩(トホ)도보 / 歩合(ブアイ)비율을 소수로 나타낸 것. 수수료 / 歩(フ)이자의 비율. 토지 면적의 단위.

      ホウ   報(갚을), 宝(寶)(보배)

부 フ   付(줄), 婦(아내), 府(관청), 扶(도울), 敷(펼), 浮(뜰), 父(아비), 符(부신), 腐(썩을), 膚(살갗), 負(질), 賦(구실), 赴(나아갈), 附(붙을), 訃(부고), 阜(언덕)

      フ/フウ   夫(사내), 富(부자)

           예 農夫(ノウフ)농부 / 夫婦(フウフ)부부 富強(フキョウ)부강 / 富貴(フウキ)부귀

      ブ   部(떼)

      フク   副(버금)

      ボ   簿(장부)

      ボウ   剖(쪼갤)

      ヒ   否(아닐)

비 ヒ   妃(왕비), 悲(슬플), 扉(문짝), 批(비평할), 比(견줄), 肥(살찔), 費(쓸), 非(아닐), 飛(날), 卑(낮을), 碑(돌기둥), 秘(숨길)

ビ	備(갖출), 鼻(코)
ヒツ/ヒ	泌(흐르는 모양)
	例 分泌(ブンピツ)분비 / 泌尿器(ヒニョウキ)비뇨기
フツ	沸(끓을)

정리

1. 일본 상용한자 중 한국어 초성자음 [ㅂ]이 들어가고 받침이 없는 한자음의 1음절째는 ハ行 또는 バ行으로 발음된다.

2. 일본 상용한자 중 한국어 초성자음 [ㅂ]이 들어가고 받침이 없는 한자음은 대부분 1음절이나 [배]자나 報(갚을 보), 宝(寶)(보배 보), 副(버금 부), 剖(쪼갤 부), 沸(끓을 비)는 2음절로 발음되며, 夫(사내 부), 富(부자 부), 泌(흐르는 모양 비)는 2음절로 발음될 때도 있다.

◉ 일본 상용한자 중 한국어 초성자음 [ㅂ]이 들어가고 받침이 [ㄱ]인 한자음

박	ハク	泊(배댈), 舶(큰 배), 薄(엷을), 迫(逼)(핍박할), 剝(벗길)
	ハク/バク	博(넓을)
		例 博識(ハクシキ)박식 / 博徒(バクト)놀음꾼.
	ハク/ヒョウ	拍(손뼉칠)
		例 拍手(ハクシュ)박수 / 拍子(ヒョウシ)박자
	バク	縛(묶을)
	ボク	撲(두드릴), 朴(후박나무)
백	ハク	伯(맏)
	ハク/ビャク	白(흰)
		例 明白(メイハク)명백 / 白蓮(ビャクレン)흰 연꽃
	ヒャク	百(백)
벽	ヘキ	壁(바람벽), 璧(둥근옥), 癖(버릇)
복	フク	伏(엎드릴), 復(돌아올), 服(옷), 腹(배), 複(겹칠), 福(福)(복),

覆(뒤집힐)

	ボク	僕(종)
북	ホク	北(북녘)

정리

1. 일본 상용한자 중 한국어 초성자음 [ㅂ]이 들어가고 받침이 [ㄱ]인 한자음은 2음절이고 1음절째는 ハ行과 バ行으로 발음된다.

2. 일본 상용한자 중 한국어 초성자음 [ㅂ]이 들어가고 받침이 [ㄱ]인 한자음의 2음절째는 대부분 ク이고 일부분이 キ로 발음된다. 拍(손뼉칠 박)자가 ヒョウ로 발음되는 경우는 예외라고 볼 수 있다.

● 일본 상용한자 중 한국어 초성자음 [ㅂ]이 들어가고 받침이 [ㄴ]인 한자음

반	ハン	半(반), 搬(옮길), 班(나눌), 畔(두둑), 般(돌릴), 頒(나눌), 飯(밥), 斑(나눌)
	ハン/バン	伴(짝)
		예 同伴(ドゥハン)동반 / 伴奏(バンソウ)반주
	ハン/ホン/タン	反(되돌릴)
		예 反映(ハンエイ)반영 / 謀反(ムホン)모반 / 反物(タンモノ)피륙
	バン	盤(소반)
	ヘン	返(返)(돌이킬)
번	ハン	藩(울타리), 繁(繁)(번성할)
	ハン/ボン	煩(괴로워할)
		예 煩雑(ハンザツ)번잡 / 煩悩(ボンノウ)번뇌
	バン	番(차례)
	ホン	翻(飜)(뒤칠)
변	ヘン	変(變)(변할), 辺(邊)(가)

ベン	弁(辨 辯)(분별할)

본 ホン   本(책)

분 フン   噴(뿜을), 墳(봉분), 奮(떨칠), 憤(분할), 粉(가루), 紛(어지러울),
                 雰(안개)

    フン/ブン/ブ   分(나눌)
                 예 分別(フンベッ)분별 / 分解(ブンカイ)분해 / 五分(ゴブ)5푼. 구별이 없음.

    ホン   奔(달릴)

    ボン   盆(동이)

빈 ヒン   浜(濱)(물가), 賓(賓)(손), 頻(頻)(빈번할)

    ヒン/ビン   貧(가난할)
                 예 貧富(ヒンプ)빈부 / 貧乏(ビンボウ)빈핍. 가난함.

정리

1. 일본 상용한자 중 한국어 초성자음 [ㅂ]이 들어가고 받침이 [ㄴ]인 한자음은 2음절이고 1음절째는 대부분 ハ行과 バ行으로 발음된다. 反(되돌릴 반)자가 タン으로 발음되는 것은 예외적이다.

2. 일본 상용한자 중 한국어 초성자음 [ㅂ]이 들어가고 받침이 [ㄴ]인 한자음의 2음절째는 대부분 ン로 발음된다. 分(나눌 분)자가 ブ로 발음되는 경우는 예외적이다.

◉ **일본 상용한자 중 한국어 초성자음 [ㅂ]이 들어가고 받침이 [ㄹ]인 한자음**

발 ハチ/ハツ   鉢(바리때)
                 예 鉢(ハチ)주발. 화분 / 衣鉢(イハツ)의발(가사와 바리때)

    ハツ/ホツ   発(發)(쏠)
                 예 発明(ハツメイ)발명 / 発願(ホツガン)발원

    ハツ   髪(髮)(머리카락)

    バツ   抜(拔)(뺄)

    ボツ   勃(우쩍 일어날)

벌	バツ	伐(칠), 閥(문벌)
	バツ/バチ	罰(벌 줄)
		예 処罰(ショバツ)처벌 / 罰当たり(バチアタリ)천벌을 받음. 또는 그런 사람.
별	ベツ	別(다를)
불	フツ	払(拂)(떨칠)
	ブツ	仏(佛)(부처)
	フ/ブ	不(아닐)
		예 不法(フホウ)불법 / 不作法(ブサホウ)버릇없음. 예의에 벗어남.

정리 ─────────────────────────────

1. 일본 상용한자 중 한국어 초성자음 [ㅂ]이 들어가고 받침이 [ㄹ]인 한자음은 2음절이고 1음절째는 ハ行 또는 バ行으로 발음된다.

2. 일본 상용한자 중 한국어 초성자음 [ㅂ]이 들어가고 받침이 [ㄹ]인 한자음의 2음절째는 대부분 ツ로 발음된다. 鉢(바리때 발), 罰(벌줄 벌)자만 2음절째를 チ로 읽는 경우가 있다.

● 일본 상용한자 중 한국어 초성자음 [ㅂ]이 들어가고 받침이 [ㅁ]인 한자음

범	ハン	帆(돛), 犯(범할), 範(법), 氾(넘칠), 汎(뜰)
	ハン/ボン	凡(무릇)
		예 凡例(ハンレイ)범례 / 平凡(ヘイボン)평범

정리 ─────────────────────────────

1. 일본 상용한자 중 한국어 초성자음 [ㅂ]이 들어가고 받침이 [ㅁ]인 한자음은 2음절이고 1음절째는 ハ行 또는 バ行으로 발음된다.

2. 일본 상용한자 중 한국어 초성자음 [ㅂ]이 들어가고 받침이 [ㅁ]인 한자음의 2음절째는 ン으로 발음된다.

법	ホウ/ハッ/ホッ	法(법)

예 法律(ホウリツ)법률 / 法度(ハット)금령 / 法主(ホッシュ)(노인어)법주

정리

1. 일본 상용한자 중 한국어 초성자음 [ㅂ]이 들어가고 받침이 [ㅂ]인 法의 한자음은 2음절이고 1음절째는 ハ行으로 발음된다.
2. 일본 상용한자 중 한국어 초성자음 [ㅂ]이 들어가고 받침이 [ㅂ]인 法의 2음절째는 ウ나 촉음ッ으로 발음된다.

◎ 일본 상용한자 중 한국어 초성자음 [ㅂ]이 들어가고 받침이 [ㅇ]인 한자음

방	ホウ	倣(본뜰), 放(놓을), 方(모), 芳(꽃다울), 訪(방문할), 邦(나라)
	ボウ/ボッ	坊(동네)

예 坊主(ボウズ)스님. 중처럼 민 머리. / 坊(ボッ)ちゃん도련님. 철부지.

	ボウ	傍(곁), 妨(방해할), 房(방), 紡(실 뽑을), 肪(기름), 防(막을)
병	ヘイ	丙(밝을), 柄(자루), 並(竝)(아우를), 塀(담), 併(倂)(아우를), 餅(餠)(떡)
	ヘイ/ヒョウ	兵(군사)

예 兵器(ヘイキ)병기 / 雑兵(ゾウヒョウ)졸병

	ヘイ/ビョウ	病(병들)

예 疾病(シッペイ)질병 / 病気(ビョウキ)병

	ビン	瓶(甁)(병)
봉	ホウ	俸(녹), 峰(봉우리), 縫(꿰멜), 蜂(꿀)
	ホウ/フウ	封(막을)

예 封建(ホウケン)봉건 / 封鎖(フウサ)봉쇄

	ホウ/ブ	奉(받들)

예 奉仕(ホウシ)봉사 / 奉行(ブギョウ)무가시대에 행정사무를 담당한 각 부처의 장관.

ボウ   棒(몽둥이)

 ホウ   崩(무너질)

빙 ヒョウ   氷(얼음)

정리

1. 일본 상용한자 중 한국어 초성자음 [ㅂ]이 들어가고 받침이 [ㅇ]인 한자음은 2음절이고 1음절째는 ハ行 또는 バ行으로 발음된다. 奉(받들 봉)자만이 ブ와 같이 1음절로 발음될 때가 있다.

2. 일본 상용한자 중 한국어 초성자음 [ㅂ]이 들어가고 받침이 [ㅇ]인 한자음의 2음절째는 대부분 ウ또는 イ로 발음된다.

3. 瓶(瓶)(병 병)자가 ン으로 발음될 때가 있는데 예외적이다. 또한 坊(동네 방)자도 ボッ으로 발음되는 경우가 있는데 예외적이다.

Ⅱ. 동자이음한자(同字異音漢字)

徒步(トホ) 도보 ‖ 步合(ブアイ) 비율을 소수로 나타낸 것. 수수료 ‖ 步(フ) 이자의 비율. 토지 면적의 단위.

農夫(ノウフ) 농부 ‖ 夫婦(フウフ) 부부

富強(フキョウ) 부강 ‖ 富貴(フウキ) 부귀

分泌(ブンピツ/ブンピ) 분비 ‖ 泌尿器(ヒニョウキ/ヒツニョウキ) 비뇨기

博識(ハクシキ) 박식. ‖ 博徒(バクト) 놀음꾼.

拍手(ハクシュ) 박수 ‖ 拍子(ヒョウシ) 박자

明白(メイハク) 명백 ‖ 白蓮(ビャクレン) 흰 연꽃

同伴(ドウハン) 동반 ‖ 伴奏(バンソウ) 반주

反映(ハンエイ) 반영 ‖ 謀反(ムホン) 모반 ‖ 反物(タンモノ) 피륙

煩雜(ハンザツ) 번잡 ‖ 煩悩(ボンノウ) 번뇌

分別(フンベツ) 분별 ‖ 分解(ブンカイ) 분해 ‖ 五分(ゴブ) 5푼. 구별이 없음.

貧富(ヒンプ) 빈부 ‖ 貧乏(ビンボウ) 빈핍. 가난함.

鉢(ハチ) 주발.화분 ‖ 衣鉢(イハツ) 의발(가사와 바리때)

発明(ハツメイ) 발명 ‖ 発願(ホツガン) 발원

処罰(ショバツ) 처벌 ‖ 罰当たり(バチアタリ) 천벌을 받음. 또는 그런 사람.

不当(フトウ) 부당 ‖ 不作法(ブサホウ) 버릇없음. 예의에 벗어남.

凡例(ハンレイ) 범례 ‖ 平凡(ヘイボン) 평범

法律(ホウリツ) 법률 ‖ 法度(ハット) 금령 ‖ 法主(ホッシュ) (노인어)법주.

坊主(ボウズ) 스님. 중처럼 민 머리 ‖ 坊(ボッ)ちゃん 도련님. 철부지.

兵器(ヘイキ) 병기 ‖ 雑兵(ゾウヒョウ) 졸병

疾病(シッペイ) 질병 ‖ 病気(ビョウキ) 병

封建(ホウケン) 봉건 ‖ 封鎖(フウサ) 봉쇄

奉仕(ホウシ) 봉사 ‖ 奉行(ブギョウ) 무가시대에 행정사무를 담당한 각 부처의 장관.

Ⅲ. 단어학습

□ 杯	さかずき	잔	□ 背く	そむく	배반하다
□ 拝む	おがむ	절하다. 빌다	□ 培う	つちかう	가꾸다. 배양하다
□ 保つ	たもつ	지키다. 보전하다	□ 補う	おぎなう	보충하다
□ 報いる	むくいる	갚다	□ 敷く	しく	펴다
□ 浮く	うく	뜨다	□ 腐る	くさる	썩다
□ 負ける	まける	지다	□ 赴く	おもむく	나아가다
□ 富む	とむ	부하다. 풍부하다	□ 扉	とびら	문. 속표지
□ 肥やす	こやす	살찌게 하다. 땅을 기름지게 하다			
□ 費やす	ついやす	소비하다	□ 卑しい	いやしい	천하다
□ 秘める	ひめる	숨기다	□ 泊まる	とまる	머무르다
□ 迫る	せまる	다가오다. 핍박하다	□ 剥がす	はがす	벗기다

☐ 縛る	しばる	묶다	☐ 伏す	ふす	엎드리다
☐ 覆う	おおう	덮다. 싸다	☐ 飯	めし	밥
☐ 伴う	ともなう	동반하다	☐ 反る	そる	휘다. 젖혀지다
☐ 返す	かえす	되돌리다	☐ 煩う	わずらう	괴로워하다
☐ 翻す	ひるがえす	뒤집다	☐ 噴く	ふく	뿜다
☐ 奮う	ふるう	떨치다	☐ 憤る	いきどおる	분개하다. 성내다
☐ 粉	こな	가루	☐ 紛れる	まぎれる	어지럽다. 헷갈리다
☐ 浜	はま	모래밭	☐ 髪	かみ	머리카락
☐ 抜く	ぬく	빼다	☐ 沸く	わく	끓다
☐ 払う	はらう	지불하다	☐ 帆	ほ	돛
☐ 犯す	おかす	범하다	☐ 倣う	ならう	모방하다
☐ 放す	はなす	놓다. 발사하다	☐ 訪れる	おとずれる	방문하다
☐ 傍ら	かたわら	곁	☐ 妨げる	さまたげる	방해하다
☐ 房	ふさ	송이	☐ 紡ぐ	つむぐ	실을 뽑다
☐ 防ぐ	ふせぐ	막다	☐ 柄	がら	몸집. 무늬
☐ 併せる	あわせる	어우르다. 합치다	☐ 餅	もち	떡
☐ 病	やまい	병	☐ 峰	みね	봉우리
☐ 縫う	ぬう	꿰메다	☐ 崩れる	くずれる	무너지다
☐ 蜂	はち	벌	☐ 奉る	たてまつる	받들다
☐ 氷	こおり	얼음			

Ⅳ. 문제

1. 가타카나로 제시된 음과 다르게 읽히는 한자를 고르세요.

1) ヒ   ① 扉   ② 否   ③ 備   ④ 肥

2) フ   ① 扶   ② 副   ③ 賦   ④ 赴

3) ハク   ① 舶   ② 伯   ③ 薄   ④ 縛

4) バツ   ① 閥   ② 罰   ③ 髪   ④ 伐

5) ハン	① 藩	② 犯	③ 返	④ 帆
6) ヒン	① 弁	② 浜	③ 賓	④ 頻
7) フン	① 紛	② 噴	③ 奮	④ 奔
8) ヘイ	① 柄	② 俳	③ 塀	④ 併
9) ホウ	① 傍	② 放	③ 倣	④ 邦
10) ボク	① 朴	② 僕	③ 撲	④ 北

2. 가타카나로 제시된 음과 다르게 읽히는 한어를 고르세요.

1) ハイカ	① 配下	② 廃家	③ 排貨	④ 拝賀
2) ハイコウ	① 廃校	② 背後	③ 廃鉱	④ 背光
3) ハッケン	① 発券	② 白鍵	③ 発現	④ 発見
4) ハンカン	① 判官	② 反感	③ 繁簡	④ 半官
5) バンジョウ	① 盤上	② 晩鐘	③ 万乗	④ 板状
6) ホウカ	① 放火	② 法科	③ 邦画	④ 砲火
7) ボウシ	① 防止	② 胞子	③ 紡糸	④ 帽子
8) フクショウ	① 復讐	② 副賞	③ 復唱	④ 複称
9) フンセン	① 奮戦	② 噴泉	③ 紛戦	④ 憤然
10) ビコウ	① 備考	② 非行	③ 鼻腔	④ 尾行

「モーツァルトの{子守歌vs.子守唄}」、どっち?

「モーツァルトの子守歌　」のほうが適切。「子守唄」も正しい表記だが、「唄」は、長唄や馬子唄といった、邦楽(日本の音楽)に用いるのが標準的。民謡「五木の子守唄」や、歌謡曲の「赤城の子守唄」などは、「子守唄」と書く。

(北原保雄編『問題な日本語　その4』による)

3. 아래의 밑줄 친 부분의 한어를 어떻게 읽는지 괄호 안에 히라가나로 써 넣으세요.

　　1)　今回暴力団排除に関する具体的施策を定めることになった。(　　　　)

　　2)　このサイトには本音の最新映画批評が書かれている。(　　　　)

　　3)　迫害とは、力で弾圧する行為を言う。(　　　　)

　　4)　先般はおいでいただきまして、ありがとうございました。(　　　　)

　　5)　山梨県の河口湖で、サクラの枝が無断で伐採される被害が相次いでいる。(　　　　)

　　6)　彼は中間管理職の模範となる人物である。(　　　　)

　　7)　営業妨害とは、営業活動を行っている者のその活動等の妨げになる行為をいう。(　　　　)

　　8)　裁縫は誰もが一度はやったことのあるものだ。(　　　　)

　　9)　不正行為と腐敗は、全ての組織にとって大きな主要なリスクだ。(　　　　)

　　10)　妻が同窓会に参加してから頻繁にLINEをするようになった。(　　　　)

4. 다음 밑줄 친 부분의 한자표기어를 어떻게 읽는지 괄호 안에 히라가나로 써 넣으세요.

　　1)　豊かな土壌で苗木を培うとよく育つ。(　　　　)

　　2)　司令官は戦場に赴く兵士を見送った。(　　　　)

　　3)　弟はいつも徹夜で試験に備える。(　　　　)

　　4)　山の中だったので父は傷口をハンカチで縛る手当てをした。(　　　　)

　　5)　念願がかなった今、心に煩うことは何もない。(　　　　)

　　6)　風が木の葉を翻すたびにザワザワと音がする。(　　　　)

　　7)　母は足に刺さったとげを抜くのが上手だ。(　　　　)

　　8)　夏場なら、お風呂は10分くらいで沸くだろう。(　　　　)

　　9)　命綱から手を放す行為は危険だ。(　　　　)

　　10)　気候の変化で生態系が崩れる場合が多くなっている。(　　　　)

'時計'라는 표기는 한자의 의미와 발음을 기본으로 하여 일본에서 만들어진 아테지 (当て字)다. 중국에서는 『주례(周礼)』가 나온 무렵부터 '土圭(ドケイ)'가 사용되었다. 이것은 옥으로 만든 기물로, 태양의 그림자를 재는 일종의 해시계와 같은 것이었다. 일본에서는 그 와는 별도로 무로마치(室町)시대 말기에 '도키하카리(ときはかり)'라는 말이 생겨나 이를 밑바탕으로 하여 '時計'라는 표기가 만들어 졌을 가능성도 있다.

이 '時計'라는 아테지는 겐로쿠(元禄)무렵의 사이카쿠(西鶴)작품에서도 볼 수 있듯 이 에도'시대에 생겨난 것이다. 같은 무렵 '図景', '斗鶏(斗雞)', 거슬러 올라가 중세에 는 '斗景'라는 아테지도 있었다. '斗'라는 글자와'計'라는 글자는 그 흘림체가 비슷한 데다가 의미까지도 통용되었다.

19세기말에는 일본에서 한자어가 유행하여 '도케이'를 숙자훈으로 하여 '時器', '自鳴鐘', '時辰儀', '時辰表' 등 중국에서 사용된 말을 전용한 표기도 종종 사용되었다. 에도시대 때 볼 수 있었던 '日土圭(해시계)'는 본래의 기능에 맞는 표기이며 '砂土圭 (모래시계)'는 그것을 응용한 표기인데 '土'라는 글자를 사용한 것에서 그 사물 자체의 분위기를 엿볼 수 있다.

(笹原宏之著『訓読みのはなし』による)

5. 다음 한자의 부수를 예에서 찾아 기호로 답하세요.

例

　　ア. 大(だい)　　イ. 玉(たまへん)　　ウ. 車(くるま)

　　エ. 罒(あみがしら)　　オ. 巾(はばへん)

---

1) 輩(무리 배)　　(　　)

2) 班(나눌 반)　　(　　)

3) 罰(벌줄 벌)　　(　　)

4) 帆(돛 범)　　(　　)

5) 奉(받들 봉)　　(　　)

6. 다음 한어의 구성이 예의 ア～オ 중에 어느 것에 해당하는 지 하나를 골라 기호로 답하세요.

> 例 ────────────────────────────
> ア. 同じような意味の漢字を重ねたもの(岩石)
> イ. 反対または対応の意味を表す字を重ねたもの(高低)
> ウ. 前の字が後ろの字を修飾しているもの(洋画)
> エ. 後ろの字が前の字の目的語・補語になっているもの(着席)
> オ. 前の字が後ろの字の意味を打ち消しているもの(非常)

1) 防疫ぼうえき　　　(　　　)

2) 賠償ばいしょう　　(　　　)

3) 併用へいよう　　　(　　　)

4) 噴火ふんか　　　　(　　　)

5) 培養ばいよう　　　(　　　)

7. 다음 괄호 안에 두 글자 한어를 넣어 사자성어 한어를 완성시키세요.

1) 富国(　　　　) [国の経済力を高め、軍事力を増強すること]

2) (　　　　)喝采 [手をたたいて、おおいにほめたたえること]

3) 抜本(　　　　) [災いの原因を取り除くこと]

4) 富貴(　　　　) [富んで位高く栄えときめくこと]

5) 傍若(　　　　) [人前にもかかわらず、勝手で無遠慮な振る舞いをすること]

8. 다음 문에는 동일한 일본한자음이지만 틀리게 사용된 한자가 한 자 있다. 왼쪽 괄호에는 잘못 사용된 한자를, 오른쪽 괄호에는 올바른 한자를 써 넣으세요.

1) 演奏が終わりホールは万雷の博手に包まれた。　　　(　　)(　　)

2) 被疑者が黙否権を行使し続けたので、捜査の進展がない。(　　)(　　)

3) 留学生歓迎会は和やかな奮囲気に包まれていた。　　(　　)(　　)

4) 貧困や噴争に苦しむ子供たちの救援活動をする。　　(　　)(　　)

5) 最高峰を征伏した時の苦労を語る。　　　　　　　　(　　)(　　)

Ⅴ. 정리하기

▌일본 상용한자 2136자중 한국어 초성자음 [ㅂ]이 들어가는 한자음

1. 일본 상용한자 중 한국어 초성자음 [ㅂ]이 들어가는 한자음의 1음절째는 받침의 유무를 막론하고 대부분 ハ行 또는 バ行으로 발음된다. 反(되돌릴 반)자가 タン으로 발음되는 경우가 있는데 이것은 예외적이다.

2. 일본 상용한자 중 한국어 초성자음 [ㅂ]이 들어가고 받침이 있는 한자음은 일본어로는 대부분 2음절로 발음된다. 分(나눌 분) 奉(받들 봉)자가 ブ의 1음절로 발음되는 경우가 있는데 이것은 예외적이다.

3. 한국어의 받침에 대한 일본어 2음절째의 발음을 정리하면 아래의 표와 같다.

받침	발음	예외
ㄱ	ク 일부 キ	拍(손뼉칠 박) 예 拍子(ヒョウシ)박자
ㄴ	ン	
ㄹ	ツ 또는 チ	
ㅁ	ン	
ㅂ	ウ	法(법 법) 예 法度(ハット)금령 / 法主(ホッシュ)(노인어)법주
ㅇ	ウ 또는 イ	瓶(병 병) 예 花瓶(カビン)꽃병. 坊(동네 방) 예 坊(ボッ)ちゃん 도련님. 철부지

▌일본 상용한자 2136자중 한국어 초성자음 [ㅂ]이 들어가는 한자의 훈독 단어학습

▌일본 상용한자 2136자중 한국어 초성자음 [ㅂ]이 들어가는 한자를 이용한 문제풀이

- 한자 및 한어 음독 문제
- 한자의 훈독, 부수, 한어구성, 사자성어, 오자정정 문제

한국어 초성자음 [ㅅ][ㅆ]이 들어가는 상용한자

학습목표

　이번 강의에서는 일본 상용한자 2136자 중 한국어 초성자음 [ㅅ][ㅆ]이 들어가는 한자를 대상으로 한자의 음독, 훈독연습을 비롯해 다양한 문제를 풀어본다. 또한 일본 상용한자에 제시된 훈을 단어학습을 통해 세밀하게 학습한다.

　이렇게 함으로써 일본 상용한자에 익숙해 짐과 동시에 일본에서 실시하는 공인일본 한자능력검정시험 대비도 할 수 있도록 한다.

일본 상용한자 중 한국어 초성자음 [ㅅ][ㅆ]이 들어가는 한자음을 한국과 일본의 한자음의 대응관계를 통해 학습한다.

◎ 일본 상용한자 중 한국어 초성자음 [ㅅ][ㅆ]이 들어가고 받침이 없는 한자음

사 サ　　　唆(부추길), 査(조사할), 詐(속일), 沙(모래)

サ/シャ　砂(모래)
　　　　　예 砂糖(サトウ)설탕 / 土砂(ドシャ)토사

シ　　　糸(絲)(실), 伺(엿볼), 使(부릴), 史(역사), 司(맡을), 嗣(이을), 四(넉),
　　　　　士(선비), 師(스승), 思(생각), 死(죽을), 私(사사로울), 詞(말씀), 賜(줄),
　　　　　飼(먹일)

シ/ジ　仕(벼슬)
　　　　　예 出仕(シュッシ)출근 / 給仕(キュウジ)잔심부름을 함. 사환

ジ　　　似(같을), 寺(절), 辞(辭)(말씀)

ジ/ズ　事(일)
　　　　　예 事物(ジブツ)사물 / 好事家(コウズカ)호사가

シャ　　射(쏠), 捨(버릴), 斜(비낄), 謝(사례할), 赦(용서할), 社(社)(모일),
　　　　　写(寫)(베낄), 舍(집)

ジャ　　邪(간사할)

ジャ/ダ　蛇(뱀)
　　　　　예 大蛇(ダイジャ)큰 뱀 / 蛇行(ダコウ)사행. 꾸불꾸불 나아감

새 ジ　　　璽(도장)

サイ　　塞(변방)

서 ショ　　庶(무리), 書(글), 暑(暑)(더울), 署(署)(서명할)

ショ/チョ　緒(緒)(실마리)
　　　　　예 由緒(ユイショ)유서 / 情緒(ジョウチョ)정서

	ジョ	序(차례), 徐(천천히), 叙(敍)(서술할)
	セイ	誓(맹세할), 逝(逝)(갈), 婿(사위)
	セイ/サイ	西(서녘)
		예 西暦(セイレキ)서기 / 西海(サイカイ)서해
세	サイ	細(가늘)
	サイ/セイ	歳(해)
		예 歳月(サイゲツ)세월 / 歳暮(セイボ)세모
	セイ/セ	世(대)
		예 世紀(セイキ)세기 / 世界(セカイ)세계
	セイ	勢(권세)
	ゼイ	税(세금)
	セン	洗(씻을)
소	ショ	所(바)
	ショウ	召(부를), 宵(밤), 小(작을), 少(적을), 昭(밝을), 沼(늪), 消(끌), 笑(웃을), 焼(燒)(불사를)
	ソ	塑(토우), 疎(트일), 訴(하소연할), 遡(거슬러 올라갈)
	ソ/ス	素(본디)
		예 素材(ソザイ)소재 / 素手(スデ)맨손
	ソウ	掃(쓸), 巣(巢)(새집), 騒(騷)(근심스러울)
쇄	サ	鎖(쇠사슬)
	サイ	砕(碎)(부술)
	サツ	刷(솔질할)
쇠	スイ	衰(쇠할)
수	シュ	手(손), 殊(뛰어날), 狩(사냥), 首(머리)
	シュ/ス	守(지킬)
		예 守備(シュビ)수비 / 留守(ルス)부재중. 집지킴.

	ジュ	受(받을), 授(줄), 樹(나무), 需(구할), 寿(壽)(목숨)
	シュウ	囚(가둘), 秀(빼어날), 酬(갚을), 収(收)(거둘), 羞(부끄러울), 袖(소매), 愁(근심)
	シュウ/シュ	修(닦을) [예] 修飾(シュウショク)수식 / 修行(シュギョウ)수행
	ジュウ	獣(獸)(짐승)
	ス	須(모름지기)
	スイ	垂(드리울), 帥(장수), 水(물), 睡(잘), 遂(遂)(드디어), 穂(穗)(이삭), 粋(粹)(순수할)
	ズイ	随(隨)(따를), 髄(髓)(골수)
	スウ/ス	数(數)(셀) [예] 数字(スウジ)숫자 / 数奇屋(スキヤ)다실
	ソウ	捜(搜)(찾을), 痩(파리할)
	ユ	輸(실어낼)
시	シ	始(처음), 市(저자), 矢(화살), 試(시험할), 詩(시), 視(視)(보일)
	シ/セ	施(베풀) [예] 施設(シセツ)시설 / 布施(フセ)남에게 베풂. 중에게 시주하는 일
	ジ	侍(모실), 時(때)
	ジ/シ	示(보일) [예] 指示(シジ)지시 / 示唆(シサ)시사
	ゼ	是(바를)
씨	シ	氏(성)

[정리]

1. 일본 상용한자 중 한국어 초성자음 [ㅅ]이 들어가고 받침이 없는 한자음의 1음절째는 대부분 サ行과 ザ行이다.

2. 輸(실어낼 수)자가 ヤ行인 ユ로 발음되는 것은 예외적이다. 또한 단어에 따라 蛇

(뱀 사)자를 ダ의 ダ行으로, 緒(緒)(실마리 서)자를 チョ의 タ行으로 발음하는 경우도 예외적이다.

◉ 일본 상용한자 중 한국어 초성자음 [ㅅ]이 들어가고 받침이 [ㄱ]인 한자음

색 サク   索(찾을)

ソク   塞(막을)

ショク/シキ   色(색)

예 特色(トクショク)특색 / 色彩(シキサイ)색채

석 シャク   釈(釋)(해석할)

セキ   夕(저녁), 席(자리), 惜(아낄), 析(쪼갤)

セキ/シャク   昔(옛)

예 昔年(セキネン)석년 / 今昔(コンジャク)금석

セキ/シャク/コク   石(돌)

예 石材(セキザイ)석재 / 磁石(ジシャク)자석 /

石高(コクダカ)미곡의 수확량. 江戸시대 쌀로 준 무사 녹봉의 수량.

속 ソク   束(묶을), 速(速)(빠를)

ゾク   俗(풍속), 属(屬)(이을), 続(續)(잇닿을)

숙 シュク   叔(아재비), 宿(잘), 淑(맑을), 粛(肅)(엄숙할)

ジュク   塾(글방), 熟(익을)

식 シキ   式(법), 識(알)

ショク   植(심을), 殖(번성할), 飾(꾸밀), 拭(닦을)

ショク/ジキ   食(먹을)

예 食料(ショクリョウ)식료 / 断食(ダンジキ)단식

ソク   息(숨쉴)

정리 ───────────────────────────────

1. 일본 상용한자 중 한국어 초성자음 [ㅅ]이 들어가고 받침이 ㄱ인 한자음의 1음절

째는 대부분 サ行과 ザ行이다. 石(돌 석)자를 コク로 읽는 경우가 있는데 이것은 예외적이다.

2. 일본 상용한자 중 한국어 초성자음 [ㅅ]이 들어가고 받침이 ㄱ인 한자음은 일본어로는 2음절로 발음되고 2음절째는 ク 또는 キ가 온다.

◉ 일본 상용한자 중 한국어 초성자음 [ㅅ]이 들어가고 받침이 ㄴ인 한자음

산	サン	散(흩을), 傘(우산), 山(뫼), 産(낳을), 算(셈할), 酸(실)
선	セン	仙(신선), 先(먼저), 宣(베풀), 扇(부채), 旋(돌), 線(줄), 船(배), 選(選)(가릴), 銑(끝), 鮮(고울), 羨(부러워할) 腺(샘)
	ゼン	善(착할), 繕(기울), 禅(禪)(고요할), 膳(반찬)
손	ソン	損(덜), 孫(손자), 遜(겸손할)
순	シュン	瞬(눈 깜박일)
	ジュン	巡(巡)(돌), 循(돌), 旬(열흘), 殉(따라 죽을), 盾(방패), 純(순수할), 順(순할)
	シン	唇(입술)
신	シン	伸(펼), 信(믿을), 娠(아이밸), 新(새), 申(펼), 紳(큰띠), 薪(섶나무), 身(몸), 辛(매울), 慎(愼)(삼갈)
	シン/ジン	臣(신하), 神(神)(귀신) 예 臣下(シンカ)신하 / 大臣(ダイジン)장관. 太政官의 최상급의 벼슬아치. 神経(シンケイ)신경 / 神宮(ジングウ)신궁
	ジン	迅(迅)(빠를), 腎(콩팥)

정리

1. 일본 상용한자 중 한국어 초성자음 [ㅅ]이 들어가고 받침이 ㄴ인 한자음의 1음절째는 サ行과 ザ行이다.

2. 일본 상용한자 중 한국어 초성자음 [ㅅ]이 들어가고 받침이 ㄴ인 한자음은 일본어로는 2음절로 발음되고 2음절째는 ン으로 발음된다.

살	サツ/セツ	殺(殺)(죽일)
		〔예〕殺人(サツジン)살인 / 殺生(セッショウ)살생
설	セツ	設(베풀), 雪(눈)
	セツ/ゼイ	説(말씀)
		〔예〕説明(セツメイ)설명 / 遊説(ユウゼイ)유세
	ゼツ	舌(혀)
솔	ソツ/リツ	率(거느릴)
		〔예〕引率(インソツ)인솔 / 比率(ヒリツ)비율
술	ジュツ	術(재주), 述(逑)(지을)
실	シツ	失(잃을), 室(집)
	ジツ	実(實)(열매)

〔정리〕

1. 일본 상용한자 중 한국어 초성자음 [ㅅ]이 들어가고 받침이 ㄹ인 한자음의 1음절째는 サ行과 ザ行이다. 率가 ラ行의 リツ로 발음되는 경우는 한자의 음이 비율률자의 경우이므로 예외적이라고 볼 수 없다.

2. 일본 상용한자 중 한국어 초성자음 [ㅅ]이 들어가고 받침이 ㄹ인 한자음은 일본어로 2음절로 발음되고 2음절째는 ツ로 발음된다. 説자가 ゼイ로 발음되는 경우가 있는데 이것은 음이 말할 세자인 경우로 예외적이라고 볼 수 없다.

◉ 일본 상용한자 중 한국어 초성자음 [ㅅ]이 들어가고 받침이 ㅁ인 한자음

삼	サン	三(석)
	シン	森(나무 빽빽할)
섬	セン	纖(纖)(가늘)
심	シン	審(살필), 心(마음), 深(깊을), 芯(심)
	ジン	尋(찾을), 甚(심할)

1. 일본 상용한자 중 한국어 초성자음 [ㅅ]이 들어가고 받침이 ㅁ인 한자음의 1음절째는 サ行과 ザ行이다.
2. 일본 상용한자 중 한국어 초성자음 [ㅅ]이 들어가고 받침이 ㅁ인 한자음은 일본어로는 2음절로 발음되고 2음절째는 ン으로 발음된다.

◎ 일본 상용한자 중 한국어 초성자음 [ㅅ]이 들어가고 받침이 ㅂ인 한자음

삽	ジュウ	渋(澁)(떫을)
	ソウ	挿(插)(꽂을)
섭	ショウ	渉(涉)(건널)
	セツ	摂(攝)(몰아잡을)
습	シツ	湿(濕)(젖을)
	シュウ/ジュウ	拾(주울)

예 収拾(シュウシュウ)수습 / 拾万円(ジュウマンエン)십만엔

| | シュウ | 習(익힐), 襲(엄습할) |
| 십 | ジュウ/ジッ | 十(열) |

예 十字架(ジュウジカ)십자가 / 十回(ジッカイ)십회. ジュッカイ라고도 함

1. 일본 상용한자 중 한국어 초성자음 [ㅅ]이 들어가고 받침이 ㅂ인 한자음의 1음절째는 サ行 또는 ザ行이다.
2. 일본 상용한자 중 한국어 초성자음 [ㅅ]이 들어가고 받침이 ㅂ인 한자음은 일본어로는 2음절로 발음되고 2음절째는 ウ 또는 ツ로 발음된다.

◎ 일본 상용한자 중 한국어 초성자음 [ㅅ][ㅆ]이 들어가고 받침이 ㅇ인 한자음

| 상 | ショウ | 傷(상처), 償(갚을), 商(장사), 床(평상), 詳(자세할), 賞(상줄), 祥(祥)(상서로울), 尚(오히려) |

ショウ/ゾウ　　象(코끼리)

　　　　　　　예 象徴(ショウチョウ)상징 / 巨象(キョゾウ)큰 코끼리

ジョウ　　　　常(항상), 状(狀)(형상)

ジョウ/ショウ　上(윗)

　　　　　　　예 上昇(ジョウショウ)상승 / 上人(ショウニン)지덕을 갖춘 고승. 승려에 대한 경칭

ソウ　　　　　喪(죽을), 桑(뽕나무), 霜(서리), 爽(시원할)

ソウ/ソ　　　想(생각)

　　　　　　　예 想像(ソウゾウ)상상 / 愛想(アイソ)붙임성. 정나미. 愛想(アイソウ)의 전와

ソウ/ショウ　相(서로)

　　　　　　　예 相互(ソウゴ)상호 / 首相(シュショウ)수상

ゾウ　　　　　像(형상)

생 セイ　　　　牲(희생)

セイ/ショウ　生(날)

　　　　　　　예 生命(セイメイ)생명 / 一生(イッショウ)일생

성 ジョウ　　　　城(성)

セイ/ショウ　姓(성), 性(성품), 星(별), 省(살필), 声(聲)(소리)

　　　　　　　예 同姓(ドウセイ)동성 / 百姓(ヒャクショウ)농민

　　　　　　　　 性質(セイシツ)성질 / 性分(ショウブン)천성

　　　　　　　　 星座(セイザ)성좌 / 明星(ミョウジョウ)샛별

　　　　　　　　 反省(ハンセイ)반성 / 省略(ショウリャク)생략

　　　　　　　　 声援(セイエン)성원 / 大音声(ダイオンジョウ)우렁찬 목소리

セイ/ジョウ　成(될), 盛(성할)

　　　　　　　예 成功(セイコウ)성공 / 成就(ジョウジュ)성취

　　　　　　　　 盛大(セイダイ)성대 / 繁盛(ハンジョウ)번성

セイ　　　　　聖(성스러울), 誠(정성), 醒(깰)

송 ショウ　　　　松(소나무), 訟(송사할)

ソウ　　　　　送(送)(보낼)

숭	スウ	崇(높을)
승	ショウ	勝(이길), 升(되), 承(이을), 昇(오를)
	ジョウ	乗(乘)(탈), 縄(繩)(줄)
	ソウ	僧(僧)(중)
쌍	ソウ	双(雙)(둘)

[정리]

1. 일본 상용한자 중 한국어 초성자음 [ㅅ]이 들어가고 받침이 ㅇ인 한자음의 1음절째는 サ行과 ザ行이다.

2. 일본 상용한자 중 한국어 초성자음 [ㅆ]이 들어가고 받침이 ㅇ인 双(雙)(둘 쌍)자의 한자음의 1음절째는 サ行이다.

3. 일본 상용한자 중 한국어 초성자음 [ㅅ]이 들어가고 받침이 ㅇ인 한자음은 일본어로는 대부분 2음절로 발음되고 2음절째는 대부분 ウ 또는 イ로 발음된다.

4. 일본 상용한자 중 한국어 초성자음 [ㅆ]이 들어가고 받침이 ㅇ인 双(雙)(둘 쌍)자의 한자음은 2음절이고 2음절째는 ウ로 발음된다.

5. 想(생각 상)자가 ソ의 1음절로 발음되는 경우는 예외적이다.

Ⅱ. 동자이음한자(同字異音漢字)

砂糖(サトウ) 설탕 ‖	土砂(ドシャ) 토사
出仕(シュッシ) 출근 ‖	給仕(キュウジ) 잔심부름을 함. 사환.
事物(ジブツ) 사물 ‖	好事家(コウズカ) 호사가
大蛇(ダイジャ) 큰 뱀 ‖	蛇行(ダコウ) 사행. 꾸불꾸불 나아감.
由緒(ユイショ) 유서 ‖	情緒(ジョウチョ) 정서
西暦(セイレキ) 서기 ‖	西海(サイカイ) 서해
歳月(サイゲツ) 세월 ‖	歳暮(セイボ) 세모

世紀(セイキ) 세기 ‖ 世界(セカイ) 세계

素材(ソザイ) 소재 ‖ 素手(スデ) 맨손

守備(シュビ) 수비 ‖ 留守(ルス) 부재중. 집 지킴.

修飾(シュウショク) 수식 ‖ 修行(シュギョウ) 수행

数字(スウジ) 숫자 ‖ 数奇屋(スキヤ) 다실

施設(シセツ) 시설 ‖ 布施(フセ) 남에게 베풂. 중에게 시주하는 일.

指示(シジ) 지시 ‖ 示唆(シサ) 시사

特色(トクショク) 특색 ‖ 色彩(シキサイ) 색채

昔年(セキネン) 석년 ‖ 今昔(コンジャク) 금석

石材(セキザイ) 석재 ‖ 磁石(ジシャク) 자석 ‖ 石高(コクダカ) 미곡의 수확량. 江戸시대에
쌀로 준 무사 녹봉의 수량.

食料(ショクリョウ) 식료 ‖ 断食(ダンジキ) 단식

臣下(シンカ) 신하 ‖ 大臣(ダイジン) 장관. 太政官의 최상급의 벼슬아치.

神経(シンケイ) 신경 ‖ 神宮(ジングウ) 신궁

殺人(サツジン) 살인 ‖ 殺生(セッショウ) 살생

説明(セツメイ) 설명 ‖ 遊説(ユウゼイ) 유세

引率(インソツ) 인솔 ‖ 比率(ヒリツ) 비율

収拾(シュウシュウ) 수습 ‖ 拾万円(ジュウマンエン) 십만엔

十字架(ジュウジカ) 십자가 ‖ 十回(ジッカイ) 십회. ジュッカイ라고도 함.

象徴(ショウチョウ) 상징 ‖ 巨象(キョゾウ) 큰 코끼리.

上昇(ジョウショウ) 상승 ‖ 上人(ショウニン) 지덕을 갖춘 고승. 승려에 대한 경칭.

想像(ソウゾウ) 상상 ‖ 愛想(アイソ) 붙임성. 정나미. 愛想(アイソウ)의 전와.

相互(ソウゴ) 상호 ‖ 首相(シュショウ) 수상

生命(セイメイ) 생명 ‖ 一生(イッショウ) 일생

同姓(ドウセイ) 동성 ‖ 百姓(ヒャクショウ) 농민

性質(セイシツ) 성질 ‖ 性分(ショウブン) 천성

星座(セイザ) 성좌 ‖ 明星(ミョウジョウ) 샛별

反省(ハンセイ) 반성 ‖ 省略(ショウリャク) 생략

声援(セイエン) 성원 ‖ 大音声(ダイオンジョウ) 우렁찬 목소리

成功(セイコウ) 성공 ‖ 成就(ジョウジュ) 성취

盛大(セイダイ) 성대 ‖ 繁盛(ハンジョウ) 번성

Ⅲ. 단어학습

□ 唆す	そそのかす	부추기다	□ 砂	すな	모래
□ 伺う	うかがう	듣다·묻다의 겸사말	□ 賜る	たまわる	윗사람에게서 받다
□ 仕える	つかえる	시중들다. 섬기다	□ 斜め	ななめ	기욺. 경사짐
□ 謝る	あやまる	사죄하다. 사절하다	□ 社	やしろ	신을 모신 건물. 신사
□ 蛇	へび	뱀	□ 緒	お	가는 끈. 들메 끈
□ 誓う	ちかう	맹세하다	□ 逝く	いく	죽다
□ 婿	むこ	사위	□ 勢い	いきおい	기세. 세력. 기운
□ 召す	めす	먹다. 마시다. 입다. 타다의 높임말			
□ 宵	よい	저녁. 밤	□ 沼	ぬま	늪
□ 疎い	うとい	소원하다. 잘 모르다	□ 訴える	うったえる	소송하다.
□ 遡る	さかのぼる	거슬러 올라가다	□ 掃く	はく	쓸다
□ 騒ぐ	さわぐ	떠들다. 동요하다	□ 鎖	くさり	쇠사슬
□ 砕く	くだく	부수다	□ 刷る	する	인쇄하다. 찍어 내다
□ 衰える	おとろえる	쇠하다	□ 狩る	かる	사냥하다. 잡다
□ 授ける	さずける	주다. 하사하다	□ 寿	ことぶき	축수. 장수. 경사
□ 秀でる	ひいでる	빼어나다	□ 獣	けもの	짐승
□ 垂らす	たらす	드리우다. 흘리다	□ 遂げる	とげる	이루다. 마치다
□ 穂	ほ	이삭	□ 痩せる	やせる	여위다. 메마르게 되다
□ 試みる	こころみる	시험하다	□ 施す	ほどこす	베풀다

☐ 氏	うじ	성. 가문	
☐ 宿	やど	숙소	
☐ 殖える	ふえる	늘리다	
☐ 鮮やかだ	あざやかだ	산뜻하다. 깨끗하다	
☐ 瞬く	またたく	눈 깜박이다. 반짝이다	
☐ 率いる	ひきいる	거느리다	
☐ 参る	まいる	가다의 겸사말	
☐ 渋い	しぶい	떫다	
☐ 償う	つぐなう	보상하다. 속죄하다	
☐ 桑	くわ	뽕나무	
☐ 升	ます	되. 두량	
☐ 縄	なわ	줄	

☐ 塞ぐ	ふさぐ	막다
☐ 熟れる	うれる	익다. 여물다
☐ 扇	おうぎ	부채
☐ 羨む	うらやむ	부러워하다
☐ 薪	たきぎ	땔나무. 장작
☐ 室	むろ	집. 암실. 승방
☐ 甚だしい	はなはだしい	심하다. 대단하다
☐ 襲う	おそう	습격하다. 느닷없이 방문하다
☐ 商う	あきなう	장사하다
☐ 爽やかだ	さわやかだ	시원하다. 상쾌하다
☐ 承る	うけたまわる	삼가 받다. 떠맡다

Ⅳ. 문제

1. 가타카나로 제시된 음과 다르게 읽히는 한자를 고르세요.

1) シ　　　① 氏　② 似　③ 嗣　④ 賜

2) シャ　　① 捨　② 赦　③ 舍　④ 唆

3) シュク　① 淑　② 肅　③ 叔　④ 塾

4) ジョ　　① 署　② 序　③ 徐　④ 叙

5) ショウ　① 召　② 騷　③ 燒　④ 昭

6) ジョウ　① 常　② 城　③ 渉　④ 縄

7) シン　　① 唇　② 審　③ 伸　④ 迅

8) セン　　① 繊　② 旋　③ 鮮　④ 繕

9) ソ　　　① 訴　② 疎　③ 巣　④ 塑

10) ソウ　　① 尚　② 喪　③ 双　④ 僧

2. 가타카나로 제시된 음과 다르게 읽히는 한어를 고르세요.

1) サンコウ 　① 参向　② 残光　③ 賛仰　④ 散光

2) シセイ 　　① 姿勢　② 市政　③ 時勢　④ 至誠

3) シャコウ 　① 社交　② 斜光　③ 射幸　④ 車庫

4) ショウカイ ① 照会　② 常会　③ 商会　④ 詳解

5) シンスイ 　① 浸水　② 心酔　③ 真髄　④ 進水

6) スイコウ 　① 遂行　② 推考　③ 水耕　④ 随行

7) セイセイ 　① 生成　② 精製　③ 整斉　④ 税制

8) センセイ 　① 専制　② 全盛　③ 宣誓　④ 潜性

9) ソウホウ 　① 増体　② 双方　③ 奏法　④ 走法

10) ゾクセイ 　① 即製　② 属性　③ 俗姓　④ 族制

3. 아래의 밑줄 친 부분의 한어를 어떻게 읽는지 괄호 안에 히라가나로 써 넣으세요.

1) イエレン議長は、来年春に金利の引き上げを開始する可能性を示唆した。(　　　　)

2) 日本の国璽は約9センチメートルの金印で「大日本国璽」と刻してある。(　　　　)

3) 私は彼の友達になじめず、いつも疎外感を感じる。(　　　　)

4) 骨髄は血液をつくる工場だそうだ。(　　　　)

5) 日本、ベスト8でオランダに惜敗です。(　　　　)

6) このマンションは計画的な修繕工事の実施が不可欠だ。(　　　　)

7) 芸能人の中で毒舌を売りにする者がいるようだ。(　　　　)

8) このアクセサリーは繊細な手作業によって作られた。(　　　　)

9) このカレンダーは全国の交通集中渋滞を予測している。(　　　　)

10) 桑園とはかいこを飼育するための桑を植えつけた畑の意味である。(　　　　)

4. 다음 밑줄 친 부분의 한자표기어를 어떻게 읽는지 괄호 안에 히라가나로 써 넣으세요.

1) 彼は金なら捨てるほど持っている。(　　　　)

2) これから隙間を塞ぐ工程に入る。(　　　　)

3) これは祖国への忠誠を誓う文句だ。(　　　　)

4) 僕は今岩を砕く波を見ている。(　　　　)

5) よだれを垂らす息子の姿が見える。(　　　　)

6) 命令ばかりでは自主性を損なうことになる。(　　　　)

7) 今は作品を読んで感想を述べる時間だ。(　　　　)

8) 皿に料理を盛る仕事を任された。(　　　　)

9) 不景気で企業が寄付を渋るようになった。(　　　　)

10) 彼らは一家を次々に襲う計画を立てていた。(　　　　)

5. 다음 한자의 부수를 예에서 찾아 기호로 답하세요.

> 例
>
> ア. 尸(しかばね)　　イ. 衣(ころも)　　ウ. 寸(すん)
>
> エ. 邑(おおざと)　　オ. ノ(のかんむり)

　1) 邪(간사할 사)　　(　　)

　2) 衰(쇠할 쇠)　　(　　)

　3) 属(이을 속)　　(　　)

　4) 尋(찾을 심)　　(　　)

　5) 乗(탈 승)　　(　　)

6. 다음 한어의 구성이 예의 ア～オ 중에 어느 것에 해당하는 지 하나를 골라 기호로 답하세요.

> 例
> ア. 同じような意味の漢字を重ねたもの(岩石)
> イ. 反対または対応の意味を表す字を重ねたもの(高低)
> ウ. 前の字が後ろの字を修飾しているもの(洋画)
> エ. 後ろの字が前の字の目的語・補語になっているもの(着席)
> オ. 前の字が後ろの字の意味を打ち消しているもの(非常)

1) 喪失そうしつ 　（ 　 ）

2) 首尾しゅび 　（ 　 ）

3) 石棺せきかん 　（ 　 ）

4) 殉教じゅんきょう（ 　 ）

5) 伸縮しんしゅく 　（ 　 ）

7. 다음 괄호 안에 두 글자 한어를 넣어 사자성어 한어를 완성시키세요.

1) 神出(　 　) [自在に現れたり消えたりすること]

2) (　 　)代謝 [古いものが新しいものと代わる]

3) 試行(　 　) [失敗をかさねながら解決に近づいていくこと]

4) (　 　)一転 [何かのきっかけで気持ちを入れかえること]

5) (　 　)万象 [宇宙に存在する一切のもの]

8. 다음 문에는 동일한 일본한자음이지만 틀리게 사용된 한자가 한 자 있다. 왼쪽 괄호에는 잘못 사용된 한자를, 오른쪽 괄호에는 올바른 한자를 써 넣으세요.

1) 討論会には多くの人が参加し、活発な意見の応襲があった。　（ 　 ）（ 　 ）

2) 生体内に侵入した病原微生物が増食し、感染症をおこした。　（ 　 ）（ 　 ）

3) 生態系の変化を商細に調査した報告が学術誌に載った。　（ 　 ）（ 　 ）

4) 品質のよい材料を宣択する。　（ 　 ）（ 　 ）

5) 窃盗事件が属発し、警戒にあたる。　（ 　 ）（ 　 ）

Ⅴ. 정리하기

▋ 일본 상용한자 2136자중 한국어 초성자음 [ㅅ][ㅆ]이 들어가는 한자음

1. 일본 상용한자 중 한국어 초성자음 [ㅅ]이 들어가는 한자음의 1음절째는 받침의 유무를 막론하고 대부분 サ行 또는 ザ行으로 발음된다.

2. 輸(실어낼 수)자를 ヤ行인 ユ로 발음하는 것은 예외이다. 또한 단어에 따라 蛇(뱀 사)자를 ダ의 ダ行으로, 緖(緒)(실마리 서)자를 チョ의 タ行으로, 石(돌 석)자를 コク의 カ行으로 발음하는 경우는 예외적이다.

3. 일본 상용한자 중 한국어 초성자음 [ㅆ]이 들어가는 한자음 氏(성 씨)자의 1음절째는 シ로 サ行으로 발음된다.

4. 일본 상용한자 중 한국어 초성자음 [ㅅ][ㅆ]이 들어가고 받침이 들어가는 한자음은 일본어로는 대부분 2음절로 발음된다. 想(생각 상)자가 ソ의 1음절로 발음되는 때가 있는데 이 경우는 예외적이다.

5. 한국어의 받침에 대한 일본어 2음절째의 발음을 정리하면 아래의 표와 같다.

받침	발음	예외
ㄱ	ク또는 キ	
ㄴ	ン	
ㄹ	ツ	
ㅁ	ン	
ㅂ	ウ 또는 ツ	
ㅇ	ウ 또는 イ	

▋ 일본 상용한자 2136자중 한국어 초성자음 [ㅅ][ㅆ]이 들어가는 한자의 훈독 단어학습

▋ 일본 상용한자 2136자중 한국어 초성자음 [ㅅ][ㅆ]이 들어가는 한자를 이용한 문제풀이
- 한자 및 한어 음독 문제
- 한자의 훈독, 부수, 한어구성, 사자성어, 오자정정 문제

제11과
한국어 초성자음 [ㅈ]이 들어가는 상용한자

학습목표

　이번 강의에서는 일본 상용한자 2136자 중 한국어 초성자음 [ㅈ]이 들어가는 한자를 대상으로 한자의 음독, 훈독연습을 비롯해 다양한 문제를 풀어본다. 또한 일본 상용한자에 제시된 훈을 단어학습을 통해 세밀하게 학습한다.

　이렇게 함으로써 일본 상용한자에 익숙해 짐과 동시에 일본에서 실시하는 공인일본한자능력검정시험 대비도 할 수 있도록 한다.

일본 상용한자 중 한국어 초성자음 [ㅈ]이 들어가는 한자음을 한국과 일본의 한자음의 대
응관계를 통해 학습한다.

◉ 일본 상용한자 중 한국어 초성자음 [ㅈ]이 들어가고 받침이 없는 한자음

자	シ	刺(찌를), 姉(누이), 姿(맵시), 子(아들), 紫(자주빛), 諮(물을), 資(재물), 雌(암컷), 恣(방자할)
	ジ	字(글자), 慈(자비로울), 滋(불을), 磁(자석)
	ジ/シ	自(스스로)

例 自由(ジユウ)자유/自然(シゼン)자연

シャ 煮(煮)(삶을), 者(者)(놈)

| 재 | サイ | 宰(재상), 才(재주), 栽(심을), 災(재앙), 裁(마를), 載(실을), 斎(斎)(재계할) |

サイ/サ 再(두번)

例 再選(サイセン)재선/再来年(サライネン)내후 년

ザイ 材(재목), 在(있을)

ザイ/サイ 財(재물)

例 財産(ザイサン)재산/財布(サイフ)지갑

저	ソ	狙(교활할)
	チョ	貯(쌓을), 著(著)(나타날)
	テイ	低(낮을), 底(밑), 抵(막을), 邸(집)
제	サイ	祭(제사), 際(때), 済(濟)(건널)
	ザイ	剤(劑)(약 지을)
	ショ	諸(諸)(모두)
	ジョ	除(덜)

	セイ	制(억제할), 製(지을), 斉(齊)(가지런할)
	ダイ	第(차례), 題(제목)
	テイ	堤(방죽), 帝(임금), 弟(아우), 提(끌)
조	ジョ	助(도울)
	ショウ	照(비출), 詔(고할)
	ジョウ	条(條)(곁가지)
	ソ	措(둘), 租(구실), 粗(거칠), 組(짤), 祖(祖)(조상), 阻(험할)
	ソウ	操(지조), 曹(마을), 槽(구유), 燥(마를), 藻(말), 遭(만날)
	ソウ/サッ	早(이를)
		例 早期(ソウキ)조기 / 早速(サッソク)곧바로.
	ゾウ	造(造)(만들)
	チョウ	兆(조짐), 弔(조상할), 彫(새길), 朝(아침), 潮(조수), 眺(바라볼), 調(고를), 釣(낚시), 鳥(새), 嘲(비웃을)
좌	サ	佐(도울), 左(왼)
	ザ	座(앉을), 挫(꺾을)
죄	ザイ	罪(허물)
주	シュ	朱(붉을), 珠(구슬), 酒(술)
	シュ/ス	主(주인)
		例 主人(シュジン)주인 / 法主(ホッス)한 종파의 우두머리. ホウシュ、ホッシュ라고도 함
	ジュ	呪(빌)
	シュウ	周(두루), 州(고을), 舟(배), 週(週)(돌)
	ジュウ	住(살)
	ソウ	奏(아뢸), 走(달릴)
	チュウ	宙(집), 柱(기둥), 注(물댈), 昼(晝)(낮), 鋳(鑄)(만들), 酎(진한 술), 駐(머무를)

지	シ	志(뜻), 指(손가락), 支(가를), 旨(뜻), 枝(가지), 止(그칠), 紙(종이), 肢(사지), 脂(기름), 至(이를), 誌(기록할), 祉(祉)(복), 摯(지극할)
	ジ	持(가질)
	チ	池(연못), 知(알), 遅(遲)(늦을)
	チ/ジ	地(땅)

         예 土地(トチ)토지 / 地震(ジシン)지진

정리

1. 일본 상용한자 중 한국어 초성자음 [ㅈ]이 들어가고 받침이 없는 한자음의 1음절째는 대부분 サ行 또는 ザ行으로 발음된다. タ行 또는 ダ行으로 발음되는 한자도 있는데 이 경우는 본래 한국어 초성자음 [ㄷ]이었던 것이 구개음화 현상으로 인하여 [ㅈ]으로 바뀐 것으로 예외라고는 볼 수 없는 경우이다.

● 일본 상용한자 중 한국어 초성자음 [ㅈ]이 들어가고 받침이 [ㄱ]인 한자음

작	サク	昨(어제)
	サク/サ	作(지을)

         예 創作(ソウサク)창작 / 操作(ソウサ)조작

	シャク	勺(구기), 爵(벼슬), 酌(따를)
적	セキ	積(쌓을), 籍(서적), 績(길쌈할), 跡(발자취)
	セキ/シャク	赤(붉을)

         예 赤道(セキドウ)적도 / 赤銅(シャクドウ)적동

	セキ/ジャク	寂(적막할)

         예 寂寥(セキリョウ)적료 / 寂念(ジャクネン)적념

	ゾク	賊(도둑)
	チャク	嫡(정실)
	テキ	摘(딸), 滴(물방울), 的(과녁), 笛(피리), 適(適)(맞을), 敵(적)
족	ソク	足(발)

ゾク	族(겨레)

죽 チク   竹(대나무)

즉 ソク   即(卽)(곧), 則(곧)

직 ショク/シキ   織(짤)

예 紡織(ボウショク)방직 / 組織(ソシキ)조직

ショク   職(직책)

チョク/ジキ   直(곧을)

예 直視(チョクシ)직시 / 正直(ショウジキ)정직

정리

1. 일본 상용한자 중 한국어 초성자음 [ㅈ]이 들어가고 받침이 [ㄱ]인 한자음은 2음절이고 1음절째는 대부분 サ行 또는 ザ行으로 발음된다. 夕行으로 발음되는 한자도 있는데 이 경우는 본래 한국어 초성자음 [ㄷ]이었던 것이 구개음화 현상으로 인하여 [ㅈ]으로 바뀐 것으로 예외라고는 볼 수 없는 경우이다. 作(지을 작) 자가 1음절 サ로 발음될 때가 있는데 이것은 예외적인 것이다.

2. 일본 상용한자 중 한국어 초성자음 [ㅈ]이 들어가고 받침이 [ㄱ]인 한자음의 2음절째는 대부분 ク 또는 キ로 발음된다.

◉ 일본 상용한자 중 한국어 초성자음 [ㅈ]이 들어가고 받침이 [ㄴ]인 한자음

잔 サン   桟(棧)(잔도)

ザン   残(殘)(남을)

전 セン   栓(나무못), 専(專)(오로지), 戦(戰)(싸울), 銭(錢)(돈), 煎(달일), 箋(글), 詮(설명할)

ゼン   全(온전할), 前(앞)

テン   典(법), 展(펼), 転(轉)(구를), 填(塡)(메울)

テン/デン   殿(대궐)

예 殿上(テンジョウ)궁중의 正殿 내 / 宮殿(キュウデン)궁전

	デン	伝(傳)(전할), 電(전기), 田(밭)
존	ソン/ゾン	存(있을)
		예 存在(ソンザイ)존재 / 存命(ゾンメイ)생존해 있음
	ソン	尊(높을)
준	シュン	俊(준걸)
	ジュン	准(승인할), 準(평평할), 遵(좇을)
진	シン	振(떨칠), 津(나루), 診(볼), 進(나아갈), 震(벼락), 真(眞)(참)
	ジン	陣(진칠), 尽(盡)(다할)
	チン	珍(보배), 陳(벌일), 鎮(鎭)(진압할)

[정리]

---

1. 일본 상용한자 중 한국어 초성자음 [ㅈ]이 들어가고 받침이 [ㄴ]인 한자음은 2음절이고 1음절째는 대부분 サ行 또는 ザ行으로 발음된다. タ行 또는 ダ行으로 발음되는 한자도 있는데 이 경우는 본래 한국어 초성자음 [ㄷ]이었던 것이 구개음화 현상으로 인하여 [ㅈ]으로 바뀐 것으로 예외라고는 볼 수 없는 경우이다.

2. 일본 상용한자 중 한국어 초성자음 [ㅈ]이 들어가고 받침이 [ㄴ]인 한자음의 2음절째는 ン으로 발음된다.

◉ 일본 상용한자 중 한국어 초성자음 [ㅈ]이 들어가고 받침이 [ㄹ]인 한자음

절	セツ	折(꺾을), 窃(竊)(훔칠)
	セツ/サイ	切(끊을)
		예 親切(シンセツ)친절 / 一切(イッサイ)일절
	セツ/セチ	節(節)(마디)
		예 節度(セツド)절도 / 節会(セチエ)옛날 조정에서 베풀던 연회.
	ゼツ	絶(끊을)
졸	ソツ	卒(군사)

	セツ	拙(졸할)
질	シツ	疾(병), 叱(꾸짖을), 嫉(시기할)
	シツ/シチ/チ	質(바탕)
		例 質問(シツモン)질문 / 質屋(シチヤ)전당포 / 言質(ゲンチ)언질
	チツ	秩(차례), 窒(막을)
	テツ	迭(迭)(갈마들)

1. 일본 상용한자 중 한국어 초성자음 [ㅈ]이 들어가고 받침이 [ㄹ]인 한자음은 2음절이고 1음절째는 대부분 サ行 또는 ザ行으로 발음된다. タ行으로 발음되는 한자도 있는데 이 경우는 본래 한국어 초성자음이 [ㄷ]이었던 것이 구개음화 현상으로 인하여 [ㅈ]으로 바뀐 것으로 예외라고는 볼 수 없는 경우이다. 質(바탕 질)자가 チ의 1음절로 발음되는 것은 예외적이다.

2. 일본 상용한자 중 한국어 초성자음 [ㅈ]이 들어가고 받침이 [ㄹ]인 한자음의 2음절째는 대부분 ツ이고 일부분이 チ로 발음된다. 切(끊을 절)자가 サイ로 2음절째를 イ로 읽는 경우가 있는데 이것은 예외적이다.

◉ 일본 상용한자 중 한국어 초성자음 [ㅈ]이 들어가고 받침이 [ㅁ]인 한자음

	サン	蚕(蠶)(누에)
잠	ザン	暫(잠깐)
	セン	潜(潛)(잠길)
점	セン	占(차지할)
	ゼン	漸(점점)
	テン	店(가게), 点(點)(점찍을)
	ネン	粘(끈끈할)
짐	チン	朕(나)

1. 일본 상용한자 중 한국어 초성자음 [ㅈ]이 들어가고 받침이 [ㅁ]인 한자음은 2음절이고 1음절째는 대부분 サ行 또는 ザ行으로 발음된다. タ行 또는 ダ行으로 발음되는 한자도 있는데 이 경우는 본래 한국어 초성자음이 [ㄷ]이었던 것이 구개음화 현상으로 인하여 [ㅈ]으로 바뀐 것으로 예외라고는 볼 수 없는 경우이다. 粘(끈끈할 점)자가 ナ行으로 읽히는 경우가 있는데 이것은 예외적이다.

2. 일본 상용한자 중 한국어 초성자음 [ㅈ]이 들어가고 받침이 [ㅁ]인 한자음의 2음절째는 ン으로 발음된다.

◎ 일본 상용한자 중 한국어 초성자음 [ㅈ]이 들어가고 받침이 [ㅂ]인 한자음

잡	ザツ/ゾウ	雜(雑)(섞일)
		例 雜誌(ザッシ)잡지 / 雜巾(ゾウキン)걸레
접	セツ	接(이을)
즙	ジュウ	汁(진액)
집	シツ/シュウ	執(잡을)
		例 執拗(シツヨウ)집요 / 執着(シュウチャク)집착
	シュウ	集(모을)

1. 일본 상용한자 중 한국어 초성자음 [ㅈ]이 들어가고 받침이 [ㅂ]인 한자음은 2음절이고 1음절째는 サ行 또는 ザ行으로 발음된다.

2. 일본 상용한자 중 한국어 초성자음 [ㅈ]이 들어가고 받침이 [ㅂ]인 2음절째는 ウ나 ッ로 발음된다.

◎ 일본 상용한자 중 한국어 초성자음 [ㅈ]이 들어가고 받침이 [ㅇ]인 한자음

| 장 | ショウ | 匠(장인), 掌(손바닥), 章(글), 粧(단장할), 障(막힐), 奬(奨)(꾸밀), 将(將)(장수) |
| | ジョウ | 丈(어른), 場(장소) |

	ソウ	葬(장사), 壯(壯)(장할), 荘(莊)(장중할)
	ショウ/ソウ	装(裝)(꾸밀)
		예 衣装(イショウ)의상 / 装飾(ソウショク)장식
	ゾウ	臓(臟)(내장), 蔵(藏)(감출)
	チョウ	帳(휘장), 張(베풀), 腸(창자), 長(길),
쟁	ソウ	争(爭)(다툴)
정	ショウ	晶(밝을)
	ジョウ	錠(덩어리), 浄(淨)(깨끗할)
	セイ	征(칠), 整(가지런할)
	セイ/ショウ	井(우물), 政(정사), 正(바를), 精(정할)
		예 市井(シセイ)시정 / 天井(テンジョウ)천정
		政治(セイジ)정치 / 摂政(セッショウ)섭정
		正義(セイギ)정의 / 正面(ショウメン)정면
		精密(セイミツ)정밀 / 精霊(ショウリョウ)죽은 자의 영혼
	セイ/ジョウ	情(情)(뜻), 静(靜)(조용할)
		예 情報(ジョウホウ)정보 / 風情(フゼイ)풍치
		安静(アンセイ)안정 / 静脈(ジョウミャク)정맥
	チョウ	町(밭두둑), 頂(정수리)
	チョウ/テイ	丁(천간)
		예 丁数(チョウスウ)책의 장수 / 丁寧(テイネイ)친절하고 예의바름
	テイ	亭(정자), 停(머무를), 偵(정탐할), 呈(드릴), 庭(뜰), 廷(조정), 程(정도), 艇(거룻배), 訂(바로잡을), 貞(곧을)
	テイ/ジョウ	定(정할)
		예 安定(アンテイ)안정 / 定石(ジョウセキ)정석
종	シュ	種(씨), 腫(부스럼)
	シュウ	宗(마루), 終(마칠)
	ジュウ	従(從)(따를), 縦(縱)(세로)

ショウ　　　　鐘(쇠북)

ソウ　　　　　踪(자취)

중　シュウ/シュ　衆(무리)

例 衆寡(シュウカ)인원수가 많은 것과 적은 것 / 衆生(シュジョウ)중생

ジュウ/チョウ　重(무거울)

例 重大(ジュウダイ)중대 / 慎重(シンチョウ)신중

チュウ　　　　中(가운데), 仲(버금)

증　ショウ　　　　証(證)(증거), 症(병 증세)

ジョウ　　　　蒸(찔)

ソウ　　　　　曽(일찍)

ゾウ　　　　　憎(憎)(미워할), 増(増)(더할)

ゾウ/ソウ　　　贈(贈)(줄)

例 贈呈(ゾウテイ)증정 / 寄贈(キソウ)기증. キゾウ라고도 함.

징　チョウ　　　　澄(맑을), 懲(懲)(혼날), 徴(徴)(부를)

정리

1. 일본 상용한자 중 한국어 초성자음 [ㅈ]이 들어가고 받침이 [ㅇ]인 한자음은 2음절이고 1음절째는 대부분 サ行 또는 ザ行으로 발음된다. タ行으로 발음되는 한자도 있는데 이 경우는 본래 한국어 초성자음이 [ㄷ]이었던 것이 구개음화 현상으로 인하여 [ㅈ]으로 바뀐 것으로 예외라고는 볼 수 없는 경우이다. 단 種(씨 종), 腫(부스럼 종)자는 しゅ의 1음절로 발음되고 衆(무리 중)자도 しゅ의 1음절로 발음될 때도 있다.

2. 일본 상용한자 중 한국어 초성자음 [ㅈ]이 들어가고 받침이 [ㅇ]인 한자음의 2음절째는 ウ또는 イ로 발음된다.

自由(ジユウ) 자유 ‖ 自然(シゼン) 자연

再選(サイセン) 재선 ‖ 再来年(サライネン) 내후년

財産(ザイサン) 재산 ‖ 財布(サイフ) 지갑

早期(ソウキ) 조기 ‖ 早速(サッソク) 곧바로.

主人(シュジン) 주인 ‖ 法主(ホッス) 한 종파의 우두머리. ホウシュ, ホッシュ라고도 함.

土地(トチ) 토지 ‖ 地震(ジシン) 지진

創作(ソウサク) 창작 ‖ 操作(ソウサ) 조작

赤道(セキドウ) 적도 ‖ 赤銅(シャクドウ) 적동

寂寥(セキリョウ) 적료 ‖ 寂念(ジャクネン) 적념

紡織(ボウショク) 방직 ‖ 組織(ソシキ) 조직

直視(チョクシ) 직시 ‖ 正直(ショウジキ) 정직

殿上(テンジョウ) 궁중의 正殿 내. ‖ 宮殿(キュウデン) 궁전

存在(ソンザイ) 존재 ‖ 存命(ゾンメイ) 생존해 있음.

親切(シンセツ) 친절 ‖ 一切(イッサイ) 일절

節度(セツド) 절도 ‖ 節会(セチエ) 옛날 조정에서 베풀던 연회.

質問(シツモン) 질문 ‖ 質屋(シチヤ) 전당포 ‖ 言質(ゲンチ) 언질

雑誌(ザッシ) 잡지 ‖ 雑巾(ゾウキン) 걸레

執拗(シツヨウ) 집요 ‖ 執着(シュウチャク) 집착

衣装(イショウ) 의상 ‖ 装飾(ソウショク) 장식

市井(シセイ) 시정 ‖ 天井(テンジョウ) 천정

政治(セイジ) 정치 ‖ 摂政(セッショウ) 섭정

正義(セイギ) 정의 ‖ 正面(ショウメン) 정면

精密(セイミツ) 정밀 ‖ 精霊(ショウリョウ) 죽은 자의 영혼

情報(ジョウホウ) 정보 ‖ 風情(フゼイ) 풍치

安静(アンセイ) 안정 ‖ 静脈(ジョウミャク) 정맥

丁数(チョウスウ) 책의 장수　‖　丁寧(テイネイ) 친절하고 예의 바름.

安定(アンテイ) 안정　‖　定石(ジョウセキ) 정석

衆寡(シュウカ) 인원수가 많은 것과 적은 것　‖　衆生(シュジョウ) 중생

重大(ジュウダイ) 중대　‖　慎重(シンチョウ) 신중

贈呈(ゾウテイ) 증정　‖　寄贈(キソウ) 기증. キゾウ라고도 함.

Ⅲ. 단어학습

□ 刺す	さす	찌르다	□ 紫	むらさき	자주 빛
□ 諮る	はかる	묻다	□ 雌	めす	암컷
□ 慈しむ	いつくしむ	자비롭다	□ 裁つ	たつ	마르다. 재단하다
□ 阻む	はばむ	저지하다. 막다	□ 狙う	ねらう	노리다
□ 祭る	まつる	제사 지내다	□ 済む	すむ	끝나다. 해결되다
□ 堤	つつみ	방죽. 제방	□ 提げる	さげる	손에 들다
□ 照らす	てらす	비추다	□ 詔	みことのり	조칙
□ 粗い	あらい	거칠다	□ 操る	あやつる	조종하다
□ 藻	も	말. 수초・해초의 총칭	□ 遭う	あう	만나다
□ 兆	きざし	조짐	□ 弔う	とむらう	조문하다
□ 彫る	ほる	새기다	□ 潮	しお	조수
□ 眺める	ながめる	바라보다	□ 嘲る	あざける	비웃다
□ 呪う	のろう	저주하다	□ 周り	まわり	사물의 둘레
□ 奏でる	かなでる	연주하다	□ 鋳る	いる	주조하다
□ 志す	こころざす	뜻하다	□ 旨	むね	뜻
□ 酌む	くむ	따라서 마시다	□ 摘む	つむ	따다
□ 滴	しずく	물방울	□ 的	まと	과녁
□ 笛	ふえ	피리	□ 織る	おる	짜다
□ 銭	ぜに	돈	□ 煎る	いる	달이다
□ 尊い	とうとい	소중하다. 높다	□ 震う	ふるう	떨리다. 진동하다
□ 慎む	つつしむ	삼가하다	□ 鎮める	しずめる	진압하다
□ 拙い	つたない	서투르다. 어리석다	□ 蚕	かいこ	누에

☐ 潜む	ひそむ	숨어 있다. 잠재하다	☐ 粘る	ねばる	끈끈하다
☐ 専ら	もっぱら	오로지	☐ 障る	さわる	방해가 되다. 해롭다
☐ 葬る	ほうむる	장사 지내다	☐ 装う	よそおう	꾸미다. 가장하다
☐ 蔵	くら	곳간. 창고	☐ 頂	いただき	꼭대기
☐ 種	たね	씨	☐ 腫れる	はれる	붓다
☐ 縦	たて	세로	☐ 鐘	かね	종
☐ 蒸す	むす	찌다	☐ 憎む	にくむ	미워하다
☐ 澄む	すむ	맑다	☐ 懲りる	こりる	질리다

Ⅳ. 문제

1. 가타카나로 제시된 음과 다르게 읽히는 한자를 고르세요.

1) サイ　　　① 済　② 祭　③ 剤　④ 裁

2) シ　　　　① 刺　② 滋　③ 諮　④ 雌

3) シュウ　　① 汁　② 集　③ 終　④ 周

4) ショウ　　① 掌　② 鐘　③ 照　④ 壮

5) セキ　　　① 積　② 績　③ 跡　④ 酌

6) セツ　　　① 接　② 絶　③ 窃　④ 拙

7) セン　　　① 潜　② 銭　③ 栓　④ 漸

8) ゾウ　　　① 造　② 臓　③ 阻　④ 蔵

9) チョウ　　① 頂　② 澄　③ 呈　④ 弔

10) テン　　　① 店　② 電　③ 転　④ 典

2. 가타카나로 제시된 음과 다르게 읽히는 한어를 고르세요.

1) サイセイ　　① 再生　② 済世　③ 祭政　④ 在世

2) ジイ　　　　① 自慰　② 次位　③ 辞意　④ 恣意

3) シュウホウ　① 重砲　② 週報　③ 州法　④ 宗法

4) ショウジョウ ① 症状　② 将相　③ 掌上　④ 鐘状

5) シンゲン　　① 震源　　② 進言　　③ 真剣　　④ 箴言

6) セキリョウ　① 寂寥　　② 石榴　　③ 席料　　④ 脊梁

7) セッショウ　① 折衝　　② 摂政　　③ 殺生　　④ 絶唱

8) センコウ　　① 専攻　　② 潜行　　③ 善行　　④ 閃光

9) チョウコウ　① 徴候　　② 朝貢　　③ 調号　　④ 聴講

10) テイショウ　① 庭上　　② 提唱　　③ 逓相　　④ 低唱

쉬어가기

「それが私の{持論vs.自論}だ」、どっち？

　「持論」が正しい。かねて主張している説や意見の意。近年、校閲を経ないネット上の文章などで「自論」の表記が見られるが、これは「持論」の誤記から生まれたものと思われる。五〇万語を収録する『日本国語大辞典』(第二版)や約五〇万の熟語を収める『大漢和辞典』にも「自論」は掲載されていない。

(北原保雄編『問題な日本語　その4』による)

---

3. 아래의 밑줄 친 부분의 한어를 어떻게 읽는지 괄호 안에 히라가나로 써 넣으세요.

1) 諮問委員会には主要日本企業の環境経営責任者が参加した。(　　　　)

2) 日本におけるお茶の栽培はとても広範囲で行われている。(　　　　)

3) きじひき高原にはパノラマ眺望台がある。(　　　　)

4) この質問に答えると疲労蓄積度の診断ができる。(　　　　)

5) 社長は赤字を補填するため一般会計から約5億円を繰り入れた。(　　　　)

6) 警察は逃走中の窃盗容疑者を逮捕した。(　　　　)

7) 潤滑油は温度が下がるとともに粘度が高くなる。(　　　　)

8) ファミリーマートで簡単にインターネット接続ができる。(　　　　)

9) 無人航空機は北朝鮮が偵察のために飛ばした可能性があるといわれる。(　　　　)

10) 彼は約一か月前に失踪した。(　　　　)

4. 다음 밑줄 친 부분의 한자표기어를 어떻게 읽는지 괄호 안에 히라가나로 써 넣으세요.

1) 閃光が闇を照らす光景はすばらしい。(　　　　　)

2) 震災は人を弔うことの難しさを私たちに教えてくれた。(　　　　　)

3) 僕は「君と奏でる明日への歌」というCDを買った。(　　　　　)

4) 久しぶりに会ったので積もる話がたくさんあった。(　　　　　)

5) 八十八夜に茶の葉を摘むことがいいと知られている。(　　　　　)

6) 万全を尽くし備えることが大事である。(　　　　　)

7) 部長はいつも部下の仕事が遅いのを叱る。(　　　　　)

8) 樹木に潜む害虫を見つけ駆除した。(　　　　　)

9) 徹夜は明日の仕事に障るから止めよう。(　　　　　)

10) 妹はいつも部屋を快適に整える。(　　　　　)

미니상식　　　**어조 맞추기(語呂合わせ)**

전화번호에서 볼 수 있는 '4126(요이후로[よいふろ:좋은 목욕])' 등의 어조 맞추기 (語呂合わせ)는 친밀감을 갖기 쉽고 또 기억하기 쉽다는 선전 효과가 있어 자주 쓰이는 표현이다. 일본에서는 앞서 언급한 바와 같이 숫자에 훈독읽기가 적용된 것도 하나의 요인이 되어, 이와 같이 어조를 통한 외우는 방법이 발달하였다. '이이쿠니쓰쿠로 가마쿠라바쿠후(いいくに(1192年)つくろう鎌倉幕府: 좋은 나라 만들자 가마쿠라 막부)'처럼 역사 연대 외우기를 약간은 억지로 외운 사람도 많을 것이다.

NTT의 호출기 서비스는 지난 2007년 3월에 종료되었지만 '4649(요로시쿠[よろしく]: 잘 부탁한다)'라든지 '14106(아이시테루[あいしてる]: 사랑해, 1을 I로 간주)' 등 수많은 독특한 어조맞추기가 탄생되었다.

최근 일본에서는 스티커 사진이나 인터넷상에서 '02娘01'라고 쓰는 것이 일부 여자중학생들 사이에서 유행하고 있다. 이것은 '니코이치(にこいち)'라고 읽는데 '둘이서 하나' 라는 것에서 '사이가 좋아지다(친해지다)'라는 의미라고 한다. 컴퓨터 등에서 한 자리수 숫자 앞에 0을 붙여 표시하는 것의 영향으로 볼 수 있다. 최근 일본에서는 메일 주소나 인터넷의 URL에까지 어조 맞추기가 나타나고 있다.

(笹原宏之著『訓読みのはなし』による)

5. 다음 한자의 부수를 예에서 찾아 기호로 답하세요.

> 例
>
> ア. 白(しろ)　　イ. 灬(れっか)　　ウ. 刂(りっとう)
>
> エ. 冫(にすい)　　オ. 穴(あなかんむり)

1) 煮(삶을 자)　　(　　)

2) 剤(약지을 제)　　(　　)

3) 的(과녁 적)　　(　　)

4) 准(승인할 준)　　(　　)

5) 窒(막을 질)　　(　　)

6. 다음 한어의 구성이 예의 ア〜オ 중에 어느 것에 해당하는 지 하나를 골라 기호로 답하세요.

> 例
>
> ア. 同じような意味の漢字を重ねたもの(岩石)
>
> イ. 反対または対応の意味を表す字を重ねたもの(高低)
>
> ウ. 前の字が後ろの字を修飾しているもの(洋画)
>
> エ. 後ろの字が前の字の目的語・補語になっているもの(着席)
>
> オ. 前の字が後ろの字の意味を打ち消しているもの(非常)

1) 俊秀しゅんしゅう(　　)

2) 提訴ていそ　　(　　)

3) 正邪せいじゃ　　(　　)

4) 官邸かんてい　　(　　)

5) 裁断さいだん　　(　　)

7. 다음 괄호 안에 두 글자 한어를 넣어 사자성어 한어를 완성시키세요.

1) 疾風(　　　　) [はやく吹く風と逆巻く大波で、世の中が激しく変わることのたとえ]

2) (　　　　)無尽 [自由自在に振舞うさま]

3) 漸入(　　　) [最も趣深いところにだんだん入ること]

4) (　　　)暮改 [朝に命令を出して、夕方にはもう変更するという意]

5) 適材(　　　) [その人の能力に適した地位や任務につけること]

8. 다음 문에는 동일한 일본한자음이지만 틀리게 사용된 한자가 한 자 있다. 왼쪽 괄호에는 잘못 사용된 한자를, 오른쪽 괄호에는 올바른 한자를 써 넣으세요.

1) 鳩は平和の象懲である。　　　　　　　　(　　) (　　)

2) 健康志向で入浴材がよく売れる。　　　　(　　) (　　)

3) 石油の埋臓量には限りがある。　　　　　(　　) (　　)

4) 問題点を鋭く指敵された。　　　　　　　(　　) (　　)

5) 軽妙な話術で聴終を魅了する。　　　　　(　　) (　　)

Ⅴ. 정리하기

▮ 일본 상용한자 2136자중 한국어 초성자음 [ㅈ]이 들어가는 한자음

1. 일본 상용한자 중 한국어 초성자음 [ㅈ]이 들어가는 한자음의 1음절째는 받침의 유무를 막론하고 대부분 サ行 또는 ザ行으로 발음된다. タ行 또는 ダ行으로 발음되는 한자도 있는데 이 경우는 본래 한국어 초성자음이 [ㄷ]이었던 것이 구개음화 현상으로 인하여 [ㅈ]으로 바뀐 것으로 예외라고는 볼 수 없는 경우이다. 粘(끈끈할 점)자가 ナ行으로 읽히는 경우가 있는데 이것은 예외적이다.

2. 일본 상용한자 중 한국어 초성자음 [ㅈ]이 들어가고 받침이 있는 한자음은 일본어로는 대부분 2음절로 발음된다. 그러나 種(씨 종), 腫(부스럼 종)자는 しゅ의 1음절로 발음된다. 또한 作(지을 작)자가 サ의 1음절로 발음될 때와 質(바탕 질)자가 チ의 1음절로 발음될 때가 있는데 이것은 예외적이다.

3. 한국어의 받침에 대한 일본어 2음절째의 발음을 정리하면 아래의 표와 같다.

받침	발음	예외
ㄱ	ク 일부 キ	
ㄴ	ン	
ㄹ	ツ 또는 チ	切(끊을 절) 예 一切(イッサイ)일절
ㅁ	ン	
ㅂ	ウ 또는 ツ	
ㅇ	ウ 또는 イ	

▌일본 상용한자 2136자중 한국어 초성자음 [ㅈ]이 들어가는 한자의 훈독 단어학습

▌일본 상용한자 2136자중 한국어 초성자음 [ㅈ]이 들어가는 한자를 이용한 문제풀이
- 한자 및 한어 음독 문제
- 한자의 훈독, 부수, 한어구성, 사자성어, 오자정정 문제

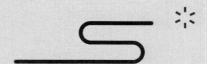

제12과
한국어 초성자음 [ㅊ]이 들어가는 상용한자

학습목표

　이번 강의에서는 일본 상용한자 2136자 중 한국어 초성자음 [ㅊ]이 들어가는 한자를 대상으로 한자의 음독, 훈독연습을 비롯해 다양한 문제를 풀어본다. 또한 일본 상용한자에 제시된 훈을 단어학습을 통해 세밀하게 학습한다.

　이렇게 함으로써 일본 상용한자에 익숙해 짐과 동시에 일본에서 실시하는 공인일본한자능력검정시험 대비도 할 수 있도록 한다.

일본 상용한자 중 한국어 초성자음 [ㅊ]이 들어가는 한자음을 한국과 일본의 한자음의 대응관계를 통해 학습한다.

◉ 일본 상용한자 중 한국어 초성자음 [ㅊ]이 들어가고 받침이 없는 한자음

차	サ	差(어긋날)
	ジ/シ	次(다음)
		例 次元(ジゲン)차원 / 次第(シダイ)순서. 경위.
	シャ	車(차), 遮(막을)
	シャク	借(빌릴)
채	サイ	彩(채색), 採(캘), 菜(나물), 債(빚), 采(캘)
처	サイ	妻(아내)
	セイ	凄(쓸쓸할)
	ショ	処(處)(곳)
체	タイ	替(바꿀), 逮(미칠), 滯(滯)(막힐)
	テイ	締(맺을), 遞(遞)(갈마들), 諦(체념할)
	タイ/テイ	体(體)(몸)
		例 体格(タイカク)체격 / 体裁(テイサイ)체제
초	サク	酢(초)
	ショ	初(처음)
	ショウ	抄(베낄), 招(부를), 焦(그을릴), 硝(초석), 礁(암초), 肖(닮을)
	ソ	礎(주춧돌)
	ソウ	草(풀)
	チョウ	超(넘을)
	ビョウ	秒(시간단위)

최	サイ	催(재촉할), 最(가장)
추	シュウ	秋(가을), 醜(더러울)
	スイ	推(밀), 錘(저울추)
	スウ	枢(樞)(지도리)
	チュウ	抽(뽑을)
	ツイ	墜(떨어질), 追(따를), 椎(몽치)
취	シュ	取(취할), 趣(재미)
	シュウ	就(나아갈), 臭(臭)(냄새)
	スイ	吹(불), 炊(불땔), 酔(醉)(술취할)
치	シ	歯(齒)(이)
	チ/ジ	治(다스릴)
		예 治安(チアン)치안 / 政治(セイジ)정치
	チ	値(값), 恥(부끄러울), 稚(어릴), 置(둘), 痴(어리석을), 致(이를), 緻(밸)

정리

1. 일본 상용한자 중 한국어 초성자음 [ㅊ]이 들어가고 받침이 없는 한자음의 1음절 째는 대부분이 サ行이고 가끔씩 ザ行으로 나타난다. タ行으로 발음되는 한자도 적지 않은데 이 경우는 본래 한국어 초성자음이 [ㅌ]이었던 것이 구개음화 현상으로 인하여 [ㅊ]으로 바뀐 것으로 예외라고는 볼 수 없다.

2. 秒(시간단위 초)자를 バ行으로 발음하는 것은 예외이다.

◎ 일본 상용한자 중 한국어 초성자음 [ㅊ]이 들어가고 받침이 [ㄱ]인 한자음

착	サク	搾(짤), 錯(섞일)
	ソク	捉(잡을)
	チャク/ジャク	着(입을)
		예 着陸(チャクリク)착륙 / 愛着(アイジャク)애착(노인어). アイチャク라고도 함

책	サク	策(꽤), 柵(울타리)
	サツ/サク	冊(책)
		예 別冊(ベッサツ)별책 /
		短冊(タンザク)글씨를 쓰거나 물건을 매다는데 쓰는 조붓한 종이
	セキ	責(꾸짖을)
척	シャク	尺(자)
	セキ	斥(물리칠), 隻(외짝), 戚(친척), 脊(등골뼈)
	チョク	捗(나갈)
촉	ショク	触(觸)(닿을), 嘱(囑)(부탁할)
	ソク	促(재촉할)
축	ジク	軸(굴대)
	シュク	縮(오그라들)
	シュウ	蹴(찰)
	シュク/シュウ	祝(祝)(빌)
		예 祝賀(シュクガ)축하 / 祝儀(シュウギ)축하 의식. 축하의 말. 축의금. 정표.
	チク	畜(가축), 築(쌓을), 蓄(쌓을), 逐(쫓을)
측	ソク	側(곁), 測(잴)
칙	ソク	則(법)
	チョク	勅(敕)(조서)

정리

1. 일본 상용한자 중 한국어 초성자음 [ㅊ]이 들어가고 받침이 ㄱ인 한자음의 1음절째는 대부분 サ行이고 일부 ザ行이다. タ行으로 발음되는 한자도 있는데 이 경우는 본래 한국어 초성자음이 [ㅌ]이었던 것이 구개음화 현상으로 인하여 [ㅊ]으로 바뀐 것으로 예외라고는 볼 수 없다.

2. 일본 상용한자 중 한국어 초성자음 [ㅊ]이 들어가고 받침이 ㄱ인 한자음은 일본어로는 2음절로 발음되고 2음절째는 대부분 ク가 오고 가끔씩 キ가 온다. 蹴(찰 축),

祝(祝)(빌 축)자를 シュウ로, 冊(책 책)자를 サツ로 발음하는 경우가 있는데 이것
은 예외적이다.

◉ 일본 상용한자 중 한국어 초성자음 [ㅊ]이 들어가고 받침이 ㄴ인 한자음

찬	サン	賛(贊)(도울)
천	セン	千(천), 川(내), 泉(샘), 薦(천거할), 遷(옮길), 浅(淺)(얕을), 践(踐)(밟을)
	テン	天(하늘)
촌	スン	寸(마디)
	ソン	村(마을)
춘	シュン	春(봄)
친	シン	親(친할)

[정리]

1. 일본 상용한자 중 한국어 초성자음 [ㅊ]이 들어가고 받침이 ㄴ인 한자음의 1음절
   째는 サ行이다. 天(하늘 천)자와 같이 タ行으로 발음되는 한자도 있는데 이 경우는
   본래 한국어 초성자음이 [ㅌ]이었던 것이 구개음화 현상으로 인하여 [ㅊ]으로 바뀐
   것으로 예외라고는 볼 수 없다.
2. 일본 상용한자 중 한국어 초성자음 [ㅊ]이 들어가고 받침이 ㄴ인 한자음은 일본어
   로는 2음절로 발음되고 2음절째는 ン으로 발음된다.

◉ 일본 상용한자 중 한국어 초성자음 [ㅊ]이 들어가고 받침이 ㄹ인 한자음

찰	サツ	察(살필), 擦(비빌), 札(패), 刹(절), 拶(서로 다닥칠)
철	テツ	哲(밝을), 徹(뚫을), 撤(거둘), 鉄(鐵)(쇠)
	トツ	凸(볼록할)
촬	サツ	撮(취할)

출	シュツ/スイ	出(날)
		예 出現(シュッゲン)출현 / 出納(スイトウ)출납
칠	シチ	七(일곱)
	シツ	漆(옻)

정리

1. 일본 상용한자 중 한국어 초성자음 [ㅊ]이 들어가고 받침이 ㄹ인 한자음의 1음절째는 サ行이다. タ行으로 발음되는 한자도 있는데 이 경우는 본래 한국어 초성자음이 [ㅌ]이었던 것이 구개음화 현상으로 인하여 [ㅊ]으로 바뀐 것으로 예외라고는 볼 수 없다.

2. 일본 상용한자 중 한국어 초성자음 [ㅊ]이 들어가고 받침이 ㄹ인 한자음은 일본어로 2음절로 발음되고 2음절째는 대부분 ツ로 발음된다. 七(일곱 칠)자만이 チ로 발음된다. 또한 出(날 출)자는 2음절째가 イ로 발음될 때가 있는데 이것은 예외적이다.

◉ 일본 상용한자 중 한국어 초성자음 [ㅊ]이 들어가고 받침이 ㅁ인 한자음

참	サン/シン	参(參)(참여할)
		예 参加(サンカ)참가 / 参差(シンシ)뒤섞여 가지런하지 못한 모양
	サン/ザン	惨(慘)(참혹할)
		예 惨劇(サンゲキ)참극 / 惨死(ザンシ)참사
	ザン	斬(베일)
첨	テン	添(더할)
침	シン	侵(침노할), 浸(적실), 針(바늘), 寝(寢)(잠잘)
	チン	沈(잠길)

정리

1. 일본 상용한자 중 한국어 초성자음 [ㅊ]이 들어가고 받침이 ㅁ인 한자음의 1음절째는 サ行과 ザ行이다. タ行으로 발음되는 한자도 있는데 이 경우는 본래 한국어

초성자음이 [ㅌ]이었던 것이 구개음화 현상으로 인하여 [ㅊ]으로 바뀐 것으로 예외라고는 볼 수 없다.

2. 일본 상용한자 중 한국어 초성자음 [ㅊ]이 들어가고 받침이 ㅁ인 한자음은 일본어로는 2음절로 발음되고 2음절째는 ン으로 발음된다.

◎ 일본 상용한자 중 한국어 초성자음 [ㅊ]이 들어가고 받침이 ㅂ인 한자음

| 첩 | ジョウ | 畳(疊)(겹쳐질) |
| | チョウ | 貼(붙을) |

[정리]

1. 일본 상용한자 중 한국어 초성자음 [ㅊ]이 들어가고 받침이 ㅂ인 畳(疊)(겹쳐질 첩)자의 한자음의 1음절째는 ザ行이다. 貼(붙을 첩)자는 タ行으로 발음되는데 이 경우는 본래 한국어 초성자음이 [ㅌ]이었던 것이 구개음화 현상으로 인하여 [ㅊ]으로 바뀐 것으로 예외라고는 볼 수 없다.

2. 일본 상용한자 중 한국어 초성자음 [ㅊ]이 들어가고 받침이 ㅂ인 한자음은 일본어로는 2음절로 발음되고 2음절째는 ウ로 발음된다.

◎ 일본 상용한자 중 한국어 초성자음 [ㅊ]이 들어가고 받침이 ㅇ인 한자음

창	ショウ	唱(노래할), 彰(밝을)
	ソウ	倉(곳집), 創(비로소), 窓(창문)
	チョウ	脹(배부를)
청	セイ	晴(갤)
	セイ/シン	請(청할)

　　　　[예] 請求(セイキュウ)청구 / 普請(フシン)건축・토목 공사(본래 불교에서 널리 시주를 청하여 불당이나 탑을 건축・수선하는 일).

| | セイ/ショウ | 清(맑을), 青(푸를) |

　　　　[예] 清潔(セイケツ)청결 / 六根清浄(ロッコンショウジョウ)육근청정.

불교용어로 육근에서 생긴 혼돈을 과감히 끊고 청결한 몸이 되는 것.

青銅(セイドウ)청동/緑青(ロクショウ)녹청

	チョウ	庁(廳)(관청), 聴(聽)(들을)
총	ジュウ	銃(총)
	ソウ	総(總)(거느릴)
충	ジュウ	充(가득할)
	ショウ	衝(찌를)
	チュウ	忠(충성), 沖(바다), 衷(속마음), 虫(蟲)(벌레)
층	ソウ	層(層)(층)
칭	ショウ	称(稱)(칭할)

정리

1. 일본 상용한자 중 한국어 초성자음 [ㅊ]이 들어가고 받침이 ㅇ인 한자음의 1음절째는 サ行과 ザ行이다. タ行으로 발음되는 한자도 있는데 이 경우는 본래 한국어 초성자음이 [ㅌ]이었던 것이 구개음화 현상으로 인하여 [ㅊ]으로 바뀐 것으로 예외라고는 볼 수 없다.

2. 일본 상용한자 중 한국어 초성자음 [ㅊ]이 들어가고 받침이 ㅇ인 한자음은 일본어로는 2음절로 발음되고 2음절째는 대부분 ウ 또는 イ로 발음된다. 請(청할 청)자가 シン으로 발음되는 것은 唐音으로 일반적인 呉音 또는 漢音이 아니다.

Ⅱ. 동자이음한자(同字異音漢字)

次元(ジゲン) 차원 ‖ 次第(シダイ) 순서.경위

体格(タイカク) 체격 ‖ 体裁(テイサイ) 체제

治安(チアン) 치안 ‖ 政治(セイジ) 정치

着陸(チャクリク) 착륙 ‖ 愛着(アイジャク) 애착(노인어). アイチャク라고도 함

別冊(ベッサツ) 별책 ‖ 短冊(タンザク) 글씨를 쓰거나 물건을 매다는데 쓰는 조붓한 종이

祝賀(シュクガ) 축하 ‖ 祝儀(シュウギ) 축하의식. 축하의 말. 축의금. 정표

出現(シュツゲン) 출현 ‖ 出納(スイトウ) 출납

参加(サンカ) 참가 ‖ 参差(シンシ) 뒤섞여 가지런하지 못한 모양

惨劇(サンゲキ) 참극 ‖ 惨死(ザンシ) 참사

請求(セイキュウ) 청구 ‖ 普請(フシン) 건축・토목 공사(본래 불교에서 널리 시주를 청하여 불당이나 탑을 건축・수선하는 일)

清潔(セイケツ) 청결 ‖ 六根清浄(ロッコンショウジョウ) 육근청정. 불교용어로 육근에서 생긴 혼돈을 과감히 끊고 청결한 몸이 되는 것

青銅(セイドウ) 청동 ‖ 緑青(ロクショウ) 녹청

Ⅲ. 단어학습

□ 差す	さす	가리다. 내밀다	□ 遮る	さえぎる	차단하다
□ 借りる	かりる	빌리다	□ 彩る	いろどる	채색하다
□ 採る	とる	캐다	□ 滞る	とどこおる	막히다
□ 締る	しまる	단단히 죄이다. 긴장하다	□ 諦める	あきらめる	체념하다
□ 招く	まねく	초대하다	□ 焦げる	こげる	타다
□ 礎	いしずえ	주춧돌	□ 超える	こえる	넘다
□ 催す	もよおす	개최하다	□ 愁える	うれえる	슬픔에 잠기다
□ 醜い	みにくい	추하다	□ 推す	おす	밀다
□ 追う	おう	쫓다	□ 趣	おもむき	정취
□ 就く	つく	들다. 취임하다.	□ 吹く	ふく	불다
□ 炊く	たく	밥을 짓다	□ 酔う	よう	술취하다
□ 治める	おさめる	다스리다	□ 値	あたい	값
□ 恥じる	はじる	부끄러워하다	□ 致す	いたす	이르다
□ 搾る	しぼる	짜다	□ 責める	せめる	꾸짖다
□ 触れる	ふれる	닿다	□ 促す	うながす	촉구하다
□ 捉える	とらえる	잡다. 파악하다	□ 縮む	ちぢむ	오그라들다

□ 蹴る	ける	차다		□ 祝う	いわう	빌다. 축하하다
□ 築く	きずく	쌓다		□ 蓄える	たくわえる	저장하다
□ 測る	はかる	재다		□ 薦める	すすめる	추천하다
□ 浅い	あさい	얕다		□ 親しい	したしい	친하다
□ 擦る	する	비비다		□ 札	ふだ	표. 팻말. 부적
□ 撮る	とる	찍다		□ 漆	うるし	옻. 옻나무
□ 惨めだ	みじめだ	참혹하다		□ 添える	そえる	더하다
□ 侵す	おかす	침범하다		□ 浸す	ひたす	담그다
□ 針	はり	바늘		□ 沈む	しずむ	잠기다
□ 畳む	たたむ	접다. 걷어치우다		□ 畳み	たたみ	다다미. 얇은 깔개
□ 貼る	はる	붙이다		□ 倉	くら	곳간
□ 唱える	となえる	소리내어 읽다. 부르다		□ 晴れる	はれる	개다
□ 請う	こう	청하다. 기원하다		□ 清い	きよい	맑다
□ 充てる	あてる	충당하다. 맡기다		□ 沖	おき	먼 바다

Ⅳ. 문제

1. 가타카나로 제시된 음과 다르게 읽히는 한자를 고르세요.

1) サイ   ① 彩   ② 吹   ③ 催   ④ 妻

2) サク   ① 借   ② 酢   ③ 搾   ④ 錯

3) シュウ   ① 醜   ② 愁   ③ 充   ④ 臭

4) ショウ   ① 礁   ② 称   ③ 衝   ④ 層

5) シン   ① 親   ② 浸   ③ 針   ④ 沈

6) セン   ① 薦   ② 賛   ③ 浅   ④ 泉

7) ソク   ① 嘱   ② 側   ③ 測   ④ 促

8) チュウ   ① 沖   ② 抽   ③ 畳   ④ 衷

9) チョウ   ① 超   ② 聴   ③ 秒   ④ 脹

10) テツ   ① 鉄   ② 凸   ③ 哲   ④ 撤

2. 가타카나로 제시된 음과 다르게 읽히는 한어를 고르세요.

1) サイカン　　①歳寒　　②彩管　　③菜館　　④在監

2) シュウショク　①就職　　②愁色　　③襲職　　④住職

3) ショウケイ　①情景　　②捷径　　③承継　　④勝景

4) シントウ　　①浸透　　②親等　　③新党　　④陣頭

5) センコウ　　①潜航　　②穿孔　　③善行　　④遷幸

6) ソウテン　　①桑田　　②総点　　③蒼天　　④操典

7) タイジョウ　①帯状　　②体状　　③代償　　④退場

8) チクジョウ　①築城　　②蓄蔵　　③逐条　　④竹杖

9) チセイ　　　①知性　　②磁性　　③治世　　④地勢

10) テッキ　　　①鉄器　　②摘記　　③節気　　④適期

---

3. 아래의 밑줄 친 부분의 한어를 어떻게 읽는지 괄호 안에 히라가나로 써 넣으세요.

1) このドラマは3人の男女の凄絶で激情的なラブストーリーを描いた作品だ。(　　　)

2) 今回の協定締結により、今後は両国のサッカーの発展のため、積極的に相互協力を図っていきそうだ。(　　　)

3) 楽天の社長は緻密な分析とコミュニケーションで優勝を手にした。(　　　　)

4) 逐次刊行物は大きく定期刊行物と不定期刊行物に分けられる。(　　　　)

5) 凸面鏡とは、球面の外側を反射面として使う球面鏡をいう。(　　　　)

6) 昨日、羊たちの沈黙という映画をみた。(　　　　)

7) 直接体に貼用する場合はゴム性のものが適している。(　　　　)

8) 昨年は、全国で1,335名が表彰された。(　　　　)

9) 和洋折衷とは、日本風と西洋風の様式を一緒に取り入れることである。(　　　　)

10) 有名グルメ雑誌で称賛されている記事を読んで、いつかは行きたいと思った。

(　　　　)

4. 다음 밑줄 친 부분의 한자표기어를 어떻게 읽는지 괄호 안에 히라가나로 써 넣으세요.

1) 会議が滞ることなくスムーズに終了した。(　　　　)

2) 杉浦は明治時代に郵便事業の礎を築いた人物である。(　　　　)

3) 今回は留学生のためのバザーを催すことになった。(　　　　)

4) ビールで酔うと頭が痛い。(　　　　)

5) これは豆から油を搾る工程だ。(　　　　)

6) 銀は空気に触れると酸化する。(　　　　)

7) 初心者は塀で車を擦ることが多い。(　　　　)

8) 魚を酢に浸すと長く持つそうだ。(　　　　)

9) 明日はよく晴れるらしい。(　　　　)

10) 部長は余った時間を準備に充てるタイプだ。(　　　　)

　　예전에는 '호토케(ほとけ)'를 '仏(佛)'뿐만 아니라 '仏ケ'처럼 작은 '케(ケ)'를 오쿠리가나처럼 붙여서 표기하기도 했다. 이것은 '스테가나(捨て仮名)'라고 불리는 수법으로, 오늘날에도 하이쿠(俳句) 등에서 볼 수 있다.여기에는 음독 '부쓰(ブツ)'가 아니라 '호토케(ほとけ)'처럼 훈독한다는 것을 표시한 것이다.

　　그리고 '오쿠리(送り:보냄)'의 반대를 '무카에(迎え:맞이함)'라고 하는 것에서, '무카에가나(迎え仮名)'라는 수법도 있다.예를 들면 'ヤ宿'라고 쓰면 여기에는 'シュク(슈쿠)'가 아니라 'やど(야도)'라는 것을 가리킨다. 역시 하이쿠나 센류 등에서 이런 수법이 사용되었다. '自ら'가 'みずから(미즈카라)', 'おのずから(오노즈카라)'인지 알기 어렵기 때문에 '自'의 오른쪽 위에 'オ·お(오)'나 'ミ·み(미)'를 표기하는 것도 예전에는 있었다. 지금은 사라졌지만 확실하고 편리한 수법이라고 할 수 있다.

(笹原宏之著『訓読みのはなし』による)

5. 다음 한자의 부수를 예에서 찾아 기호로 답하세요.

> 例
>
> ア. 見(みる)　　イ. 土(つち)　　ウ. 彡(さんづくり)
>
> エ. 口(くち)　　オ. 田(た)

1) 彩(채색 채)　　(　　)

2) 墜(떨어질 추)　　(　　)

3) 親(친할 친)　　(　　)

4) 哲(밝을 철)　　(　　)

5) 畳(겹쳐질 첩)　　(　　)

6. 다음 한어의 구성이 예의 ア～オ 중에 어느 것에 해당하는 지 하나를 골라 기호로 답하세요.

例
ア. 同じような意味の漢字を重ねたもの(岩石)

イ. 反対または対応の意味を表す字を重ねたもの(高低)

ウ. 前の字が後ろの字を修飾しているもの(洋画)

エ. 後ろの字が前の字の目的語・補語になっているもの(着席)

オ. 前の字が後ろの字の意味を打ち消しているもの(非常)

1) 漆黒しっこく　　(　　　)

2) 徹夜てつや　　　(　　　)

3) 充満じゅうまん　(　　　)

4) 親疎しんそ　　　(　　　)

5) 炊飯すいはん　　(　　　)

7. 다음 괄호 안에 두 글자 한어를 넣어 사자성어 한어를 완성시키세요.

1) 針小(　　　　) [針ほどの小さいことを棒ほどに大きく表現すること]

2) (　　　　)八起 [失敗を重ねても、くじけることなく奮起すること]

3) 寸鉄(　　　　) [短い警句で人の急所を批判するたとえ]

4) (　　　　)一遇 [千年に一度しかめぐり遇えないという意味からまたとないよい機会]

5) 清風(　　　　) [夜の静かで清らかなたたずまいの形容]

8. 다음 문에는 동일한 일본한자음이지만 틀리게 사용된 한자가 한 자 있다. 왼쪽 괄호에는 잘못 사용된 한자를, 오른쪽 괄호에는 올바른 한자를 써 넣으세요.

1) 区役所に建畜許可を申請する。　　　　　　　　(　　)(　　)

2) 流行は急促に衰える。　　　　　　　　　　　　(　　)(　　)

3) 空き缶回収の箱を設致する。　　　　　　　　　(　　)(　　)

4) 内層が豪華な新型車だ。　　　　　　　　　　　(　　)(　　)

5) 晩秋の清聴な空気の中、湖面に映える紅葉が一層鮮やかだ。 (　　)(　　)

▌일본 상용한자 2136자중 한국어 초성자음 [ㅊ]이 들어가는 한자음

1. 일본 상용한자 중 한국어 초성자음 [ㅊ]이 들어가는 한자음의 1음절째는 받침의 유무를 막론하고 대부분 サ行 가끔씩 ザ行으로 발음된다. タ行으로 발음되는 한자도 있는데 이 경우는 본래 한국어 초성자음이 [ㅌ]이었던 것이 구개음화 현상으로 인하여 [ㅊ]으로 바뀐 것으로 예외라고는 볼 수 없다.

2. 秒(시간단위 초)자를 ビョウ의 バ行으로 발음하는 것은 예외이다.

3. 일본 상용한자 중 한국어 초성자음 [ㅊ]이 들어가고 받침이 들어가는 한자음은 일본어로는 2음절로 발음된다.

4. 한국어의 받침에 대한 일본어 2음절째의 발음을 정리하면 아래의 표와 같다.

받침	발음	예외
ㄱ	ク 가끔씩 キ	シュウ 蹴(찰 축)　예 一蹴(イッシュウ)일축. シュウ 祝(祝)(빌 축) 예 祝儀(シュウギ)축하의식. 축하의 말. 축의금. 정표
ㄴ	ン	
ㄹ	ッ 가끔씩 チ	スイ 出(날 출)　예 出納(スイトウ)출납
ㅁ	ン	
ㅂ	ウ	
ㅇ	ウ 또는 イ	シン 請(청할 청) 예 普請(フシン)건축・토목 공사(본래 불교에서 널리 시주를 청하여 불당이나 탑을 건축・수선하는 일)

▌일본 상용한자 2136자중 한국어 초성자음 [ㅊ]이 들어가는 한자의 훈독 단어학습

▌일본 상용한자 2136자중 한국어 초성자음 [ㅊ]이 들어가는 한자를 이용한 문제풀이

● 한자 및 한어 음독 문제

● 한자의 훈독, 부수, 한어구성, 사자성어, 오자정정 문제

상용한자표의 부표

학습목표

　이번 강의에서는 일본 상용한자표의 부표를 이용하여 다양한 문제를 풀어본다. 이렇게 함으로써 일본 상용한자표의 부표에 익숙해 짐과 동시에 일본에서 실시하는 공인일본 한자능력검정시험 대비도 할 수 있도록 한다.

일본의 상용한자표에는 상용한자표에서 지정한 음이나 훈으로는 읽기 어려운 2자 이상의
한자표기어를 116단어로 지정해 부표로 두고 있다. 여기에서는 이 부표를 중심으로 문제풀이
형식으로 학습해 가기로 한다.

1. 다음의 한자표기어를 바르게 읽은 것을 고르시오.

1) 小豆	① あずき	② しょうとう	
2) 意気地	① いきち	② いくじ	
3) 河岸	① かわがん	② かし	
4) 心地	① ここち	② ここじ	
5) 桟敷	① せんしき	② さじき	
6) 竹刀	① たけとう	② しない	
7) 数珠	① じゅず	② すうじゅ	
8) 山車	① だし	② たし	
9) 足袋	① たび	② あしぶくろ	
10) 梅雨	① うめあめ	② つゆ	
11) 投網	① とうあみ	② とあみ	
12) 笑顔	① えみ	② えがお	
13) 雪崩	① なだれ	② くずれ	
14) 波止場	① はとば	② はとじょう	
15) 猛者	① もさ	② もうしゃ	
16) 土産	① みやげ	② つちさん	
17) 乳母	① まま	② うば	
18) 母屋	① ははや	② おもや	
19) 時雨	① しぐれ	② さみだれ	
20) 田舎	① いなか	② たはた	

「文学部に{席vs.籍}を置く」、どっち?

　組織などに一員として所属するという意味の成句。組織に位置を占めるという意で「席を置く」と書いてしまいそうだが、「籍を置く」が正しい。「籍」は、所属する人などを登録した文書。その登録から外れることを「除籍」という。

(北原保雄編『問題な日本語　その4』による)

2. 다음 밑줄 친 부분을 상용한자표 부표를 이용해서 히라가나로 쓰시오.

1) これは鍛冶仕事の紹介ページです。(　　　　)

2) 猫の尻尾には様々な秘密が隠されている。(　　　　)

3) 百年以上続く老舗の逸品だけを集めておいた通信サイトもある。(　　　　)

4) 僕は固唾を呑みながら決勝戦を見守っていた。(　　　　)

5) 数寄屋とは茶の湯をする小さな建物を意味する。(　　　　)

6) 陰暦3月を弥生という。(　　　　)

7) 彼はいつも真面目に働く。(　　　　)

8) 祝詞とは、神をまつり、神に祈るときに唱える古い文体の文章である。(　　　　)

9) 若人の広場とは兵庫県南あわじ市に存在する施設の名称である。(　　　　)

10) 仲人は結婚式のあとまで　相談に乗ってくれる存在である。(　　　　)

3. 다음 한자표기어를 상용한자표 부표를 이용하여 히라가나로 쓰시오.

1) 玄人　　　　(　　　　)

2) 乙女　　　　(　　　　)

3) 浴衣　　　　(　　　　)

4) 雑魚　　　　(　　　　)

5) 凸凹　　　　(　　　　)

6) 名残　　　（　　　　）

7) 木綿　　　（　　　　）

8) 息吹　　　（　　　　）

9) 芝生　　　（　　　　）

10) 為替　　　（　　　　）

11) 海女　　　（　　　　）

12) 神楽　　　（　　　　）

13) お神酒　　（　　　　）

14) 吹雪　　　（　　　　）

15) 日和　　　（　　　　）

16) 果物　　　（　　　　）

17) 早苗　　　（　　　　）

18) 蚊帳　　　（　　　　）

19) 大和　　　（　　　　）

20) 一言居士　（　　　　）

인명에 사용되는 한자에는 시대에 따른 유행이 있다. 예전에는 예를 들어 '子'에 'こ(코)', '彦'에 'ひこ(히코)', '良'에 'よし(요시)', '亘'에 'わたる(와타루)' 등이 각 글자의 훈독에서 인명으로 다수 전용되었다.

한편으로 인명에는 예로부터 독특한 훈독이 사용되기도 하였다. 예를 들어 '德'에 'のり(노리)', '孝'에 'たかし(다카시)', '之'에 'ゆき(유키)' 등은 인며에서는 일반적으로 쓰이지만 훈독으로는 일반화되지 못했다. 헤이안 시대 때부터 일본어사전에는 이들 한자를 모아둔 항목이 있었으며, 후에 이것만으로도 한 권의 책이 될 정도로 예로부터 주목받으며 깊이 인식되어 왔다. 이들 글자의 대부분은 한문 서적의 문장을 읽으면서 사용된 훈독이나 한자 사전 등에 나타난 글자의 의미를 이용한 것이다. 이와 같이 이름에 사용되는 한자의 습관적 읽기를 '나노리쿤(名乗り訓)'이라 부르며, 이 때 쓰인 한자를 '나노리지(名乗り字)'라고 부른다.

이러한 전통적인 '나노리쿤'까지 포함시키면 하나의 한자에 여러가지 읽는 법이 공존하게 된다. 예를 들어 '和'라는 글자에는 'かず(가즈)'를 비롯하여 'あきら(아키라)' 'かなう(가나우)', 'しずか(시즈카)', 'すなお(스나오)', 'たかし(다카시)', 'ただし(다다시)', 'ちか(지카)', 'とし(도시)', 'なごみ(나고미)', 'のどか(노도카)', 'はじめ(하지메)' 'はる(하루)', 'ひさ(히사)', 'ひとし(히토시)', 'ひろし(히로시)', 'まさし(마사시)', 'むつむ(무츠무)', 'やすし(야스시)', 'やわら(야와라)', 'ゆたか(유타카)', 'よし(요시)', 'わたる(와타루)' 등 인명으로 확인되는 것만 수 십 가지에 달하는 읽기가 있다. 그 중 일본인의 이름에 가장 많은 것으로 알려진 '和子' 등의 '가즈'는 에도시대의 국학자 모토오리 노리나가(本居宣長)도 그 읽기의 이유를 추측하였는데 아직까지 확실치 않다. '大漢和辞典'에는 '数(かず)'라는 의미로 나오는데 여기서 생겨났을 가능성도 있다.

(笹原宏之著『訓読みのはなし』에 의함)

4. 다음 히라가나 표기에 맞는 한자표기어를 아래의 예에서 찾아 기호로 답하시오.

例

ア. 八百長　　イ. 五月雨　　ウ. 伝馬船　　エ. 海原　　オ. 七夕　　カ. 稚児

キ. 白髪　　ク. 寄席　　ケ. 砂利　　コ. 早乙女　　サ. 相撲　　シ. 硫黄　　ス. 八百屋

セ. 景色　　ソ. 築山　　タ. 浮気　　チ. 風邪　　ツ. 師走　　テ. 清水　　ト. 最寄

1) さおとめ　　（　　　　　）

2) てんません　　（　　　　　）

3) しらが　　（　　　　　）

4) ちご　　（　　　　　）

5) やおちょう　　（　　　　　）

6) よせ　　（　　　　　）

7) さみだれ　　（　　　　　）

8) たなばた　　（　　　　　）

9) じゃり　　（　　　　　）

10) うなばら　　（　　　　　）

11) いおう　　（　　　　　）

12) うわき　　（　　　　　）

13) けしき　　（　　　　　）

14) かぜ　　（　　　　　）

15) しみず　　（　　　　　）

16) しわす　　（　　　　　）

17) すもう　　（　　　　　）

18) つきやま　　（　　　　　）

19) もより　　（　　　　　）

20) やおや　　（　　　　　）

Ⅱ. 단어학습

☐ 明日	あす	내일	☐ 小豆	あずき	팥
☐ 海女	あま	해녀	☐ 硫黄	いおう	유황
☐ 意気地	いくじ	고집. 기개			
☐ 一言居士	いちげんこじ	일언거사. 무슨 일에나 말참견 않고는 못 배기는 사람			
☐ 田舎	いなか	시골	☐ 息吹	いぶき	숨. 생기
☐ 海原	うなばら	창해	☐ 乳母	うば	유모
☐ 浮気	うわき	바람기	☐ 浮つく	うわつく	들뜨다
☐ 笑顔	えがお	웃는 얼굴	☐ 叔父	おじ	숙부
☐ 大人	おとな	어른	☐ 乙女	おとめ	처녀
☐ お巡りさん	おまわりさん	순경	☐ お神酒	おみき	제주
☐ 母屋	おもや	몸채. 안채			
☐ 神楽	かぐら	신에게 제사지낼 때 연주하는 무악			
☐ 河岸	かし	하안. 어시장	☐ 鍛冶	かじ	대장장이
☐ 風邪	かぜ	감기	☐ 固唾	かたず	마른 침
☐ 仮名	かな	가나	☐ 蚊帳	かや	모기장
☐ 為替	かわせ	환율. 환어음.	☐ 川原	かわら	강가의 모래밭
☐ 昨日	きのう	어제	☐ 今日	きょう	오늘
☐ 果物	くだもの	과일	☐ 玄人	くろうと	전문가
☐ 今朝	けさ	오늘 아침	☐ 景色	けしき	경치
☐ 心地	ここち	기분. 마음	☐ 今年	ことし	금년
☐ 早乙女	さおとめ	모내기하는 처녀	☐ 雑魚	ざこ	잡어. 송사리
☐ 桟敷	さじき	판자를 깔아서 높게 만든 관람석			
☐ 差し支える	さしつかえる	지장이 있다	☐ 皐月	さつき	음력 5월
☐ 早苗	さなえ	볏모	☐ 五月雨	さみだれ	음력 5월경에 오는 장마
☐ 時雨	しぐれ	한 차례 지나가는 비	☐ 尻尾	しっぽ	꼬리
☐ 竹刀	しない	죽도	☐ 老舗	しにせ	노포
☐ 芝生	しばふ	잔디	☐ 清水	しみず	맑은 물
☐ 三味線	しゃみせん	샤미센〔일본 고유 현악기〕			
☐ 砂利	じゃり	자갈			

☐ 数珠	じゅず	염주	☐ 上手だ	じょうずだ	잘하다. 능숙하다
☐ 下手だ	へただ	못하다. 서투르다	☐ 白髪	しらが	흰머리
☐ 素人	しろうと	초심자. 아마추어	☐ 師走	しわす	(음력)12월
☐ 数奇屋	すきや	다실	☐ 相撲	すもう	스모(일본 씨름)
☐ 草履	ぞうり	일본 짚신			
☐ 山車	だし	축제 때 끌고 다니는 장식한 수레			
☐ 太刀	たち	허리에 차는 칼	☐ 立ち退く	たちのく	물러나다
☐ 七夕	たなばた	칠월칠석	☐ 足袋	たび	일본식 버선
☐ 稚児	ちご	축제 때 때때옷을 입고 참가하는 어린이			
☐ 一日	ついたち	일 일	☐ 築山	つきやま	석가산
☐ 梅雨	つゆ	장마	☐ 凸凹	でこぼこ	요철. 울퉁불퉁
☐ 手伝う	てつだう	돕다	☐ 伝馬船	てんません	짐나르는 거룻배
☐ 投網	とあみ	투망	☐ 十重二十重	とえはたえ	이중삼중. 겹겹
☐ 読経	どきょう	독경	☐ 時計	とけい	시계
☐ 仲人	なこうど	중매쟁이	☐ 名残	なごり	자취. 추억
☐ 雪崩	なだれ	눈사태	☐ 野良	のら	들
☐ 祝詞	のりと	신주가 신 앞에 고하여 비는 고대어의 문장			
☐ 博士	はかせ	박사	☐ 二十歳	はたち	스무살
☐ 二十日	はつか	20일	☐ 波止場	はとば	선창. 부두
☐ 日和	ひより	좋은 날씨. 형편	☐ 吹雪	ふぶき	눈보라
☐ 部屋	へや	방	☐ 迷子	まいご	미아
☐ 真面目だ	まじめだ	성실하다	☐ 真っ赤だ	まっかだ	새빨갛다
☐ 真っ青だ	まっさおだ	새파랗다	☐ 土産	みやげ	토산품. 선물
☐ 息子	むすこ	아들	☐ 眼鏡	めがね	안경
☐ 猛者	もさ	맹자. 수완가	☐ 紅葉	もみじ	단풍
☐ 木綿	もめん	무명. 솜	☐ 最寄	もより	가장 가까움. 근처
☐ 八百長	やおちょう	미리 짜고서 하는 엉터리 승부			
☐ 八百屋	やおや	야채가게. 야채장수	☐ 大和	やまと	일본의 옛이름
☐ 弥生	やよい	음력 3월	☐ 浴衣	ゆかた	여름 철에 입는 무명 홑옷
☐ 行方	ゆくえ	행방			
☐ 寄席	よせ	사람을 모아 돈을 받고 재담, 만담, 야담 등을 들려주는 대중적 연회장			
☐ 若人	わこうど	젊은이			

Ⅲ. 정리하기

▌ 상용한자표의 부표에 등장하는 한자표기어는 상용한자표에서 설정한 음훈으로는 정
확하게 읽을 수 없기 때문에 단어를 통해서 익힐 필요가 있다. 그 특징을 정리해
보면 다음과 같다.

① 한자표기어의 한자가 상용한자표에서 설정한 음훈과 무관한 경우

　　예 田舎：いなか、竹刀：しない、山車：だし、太刀：たち・・・

② 한자표기어의 한자가 상용한자표에서 설정한 음훈과 일부분 일치하는 경우

　　예 蚊帳：かや、果物：くだもの、清水：しみず、白髪：しらが・・・

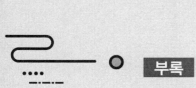

제1과 한국어 초성자음 [ㄱ]이 들어가고 받침이 없는 상용한자

Ⅳ. 문제

1. 1) ②   2) ④
   3) ①   4) ④
   5) ①   6) ③
   7) ③   8) ②
   9) ④   10) ①

2. 1) ③
   [解説] カイジョウ   開場 개장.
                                塊状 괴상. 덩어리진 모양.
                                階乗 계승.
            ガイジョウ   街上 가상. 길거리.
   2) ③
   [解説] カイセイ   開成 개성. 사람이 아직 알지 못하는 일을 개발하여 사람의 소망을
                                          성취하는 일.
                                改姓 성을 바꿈.
                                快晴 쾌청.
            ガイセイ   慨世 개세.
   3) ④
   [解説] カイドウ   街道 가도.
                                  怪童 괴동. 몸이 크고 힘이 센 사내아이.
                                皆動 모든 물건을 동원함.
            ガイトウ   街頭 가두.
   4) ④
   [解説] カカク   価格 가격.
            カガク   科学 과학.
                                歌学 和歌에 관한 학문.
                                家学 가학. 한 집안에 대대로 전하는 학문
   5) ①
   [解説] キカン   季刊 계간.

期間 기간.

機関 기관.

ギカン　　　技官 기관. 특별한 학술·기예를 담당한 국가 공무원

6) ④

[解說]　キコウ　　　機構 기구.

気候 기후.

寄稿 기고.

ギコウ　　　技巧 기교.

7) ②

[解說]　キュウシン　球審 구심.

旧臣 옛 신하.

求心 구심.

キュウジン　求人 구인.

8) ①

[解說]　キョヒ　　　拒否 거부.

巨費 거액의 비용.

許否 허락 여부.

ギョヒ　　　魚肥 어비. 어물(찌끼)로 만든 비료.

9) ①

[解說]　クチョウ　　口調 어조.

区長 구청장.

句調 문장의 음조.

グチュウ　　愚衷 우충. 자기마음(성의)의 겸사말.

10) ③

[解說]　コウショウ　交渉 교섭.

考証 고증.

口承 구승.

ゴウショウ　豪商 호상. 대상인

3.　1) くぎょう

[解釋] 인도에서는 전통적으로 고행에 의해 여러 가지 신통력을 얻을 수 있다고 생각되어 지고
있다.

2) きどう

[解釋] 기무라 씨는 철도궤도의 설계를 담당하고 있다.

3) かしょう

[解釋] 올 해의 대회는 희망자가 적어 실시하지 않는다.

4) こくそ

[解釋] 부장은 거래처 사장을 명예훼손으로 고소했다.

5) きひ

[解釋] 기피라는 것은 어떤 사물이나 사항에 대해서 싫어하여 피하는 것의 의미이다.

6) けいこ

[解釋] 2개월 전에 시작된 연습도 오늘로 마지막이다.

7) きょうせい

　　[解釋] 본 의원은 교정치과치료를 전문적으로 하고 있다.

8) きしゅ

　　[解釋] 1964년 동경올림픽에서 기수를 담당했던 분은 하마다 시 출신이었다.

9) きかん

　　[解釋] 슈바이처 박사는 의사의 귀감이라고 할 만한 인물이다.

10) けいもう

　　[解釋] 루소는 18세기 프랑스의 계몽사상가이다.

4.　1) つぶす

　　　[解釋] 이것은 자주적 발전의 싹을 없애는 것이 되지 않을 수 없다.

　　2) うえる

　　　[解釋] 세상에는 먹을 것이 없어서 굶주리는 사람이 아직 많다.

　　3) ちぎる

　　　[解釋] 두 세상을 약속하다라는 것은 내세까지 맺어지자고 약속하는 것이다.

　　4) やとう

　　　[解釋] 우리 가게는 점원을 3명 고용할 예정이다.

　　5) こばむ

　　　[解釋] 다나카 씨는 거래처의 요구를 거절할 작정이다.

　　6) かれ

　　　[解釋] 마른 가지를 모아서 불을 붙였다.

　　7) くわだてる

　　　[解釋] 등정을 기획하려면 면밀한 계획이 필요하다.

　　8) ほこる

　　　[解釋] 이번에 아들이 대단한 실적을 자랑하는 회사에 들어가게 되었다.

　　9) みぞ

　　　[解釋] 싸움 때문에 둘 사이에 깊은 골이 생겨 버렸다.

　　10) いましめる

　　　[解釋] 스스로를 통제하기 위하여 매일 일기를 쓴다.

5.　1) イ　　　　　　　　　　　　　　2) ウ
　　3) エ　　　　　　　　　　　　　　4) オ
　　5) ア

6.　1) ア (人をだまして誘い出し連れ去ること。)　　2) イ (いきどおり、なげくこと)
　　3) ウ (みじかうた)　　　　　　　　　　　　　4) エ (権利をすてて使わないこと。)
　　5) イ (あやぶみおそれること。)

7.　1) 孤立

　　　[解説] 孤立無援(こりつむえん): ひとりぼっちで助けがないこと

　　2) 誇大

　　　[解説] 誇大妄想(こだいもうそう): 実際以上に空想して事実と思い込む

3) 薄命

 解説 佳人薄命(かじんはくめい)：美人はとかく命が短いこと

4) 巧言

 解説 巧言令色(こうげんれいしょく)：こびへつらうこと

5) 怪怪

 解説 奇奇怪怪(ききかいかい)：常識では考えられない不思議

8. 1) 果 過

  解釋 카로리의 과잉섭취는 좋지 않다.

 2) 句 駆

  解釋 모든 기법을 구사해서 제작한다.

 3) 皆 壊

  解釋 지진으로 마을은 괴멸적인 피해를 입었다.

 4) 基 規

  解釋 지구규모의 환경파괴가 진행되고 있다.

 5) 挙 去

  解釋 장애물을 제거하면서 나아갔다.

제2과 한국어 초성자음 [ㄱ][ㄲ]이 들어가고 받침이 있는 상용한자

Ⅳ. 문제

1. 1) ②   2) ④
  3) ③   4) ③
  5) ①   6) ④
  7) ③   8) ②
  9) ④   10) ①

2. 1) ④

解説	カクシ	各誌 각 잡지.
		客思 여행지에서의 생각. 여정.
		核子 핵자.
	ガクシ	楽士 악사.

 2) ①

解説	カンサ	監査 감사.
		姦詐 간사.
		鑑査 감사. 검사하여 적부·우열 따위를 감정함.
	カンザ	環座 환좌. 여러 사람이 둥그렇게 둘러앉음.

 3) ①

解説	カンシ	監視 감시.
		冠詞 관사.
		干支 간지.
	カンジ	幹事 간사.

4) ④

[解説] キュウデン　　宮殿 궁전.
　　　　　　　　　給電 전력을 공급함.
　　　　　　　　　急電 지급 전보.
　　　　キュウテン　　急転 급전, 급변.

5) ②

[解説] キョウジョウ　教場 교장.
　　　　　　　　　凶状 범죄, 죄상.
　　　　　　　　　橋上 교상, 다리 위.
　　　　キョウショウ　狭小 협소.

6) ②

[解説] ケツジョウ　　欠場 결장.
　　　　　　　　　決定 (문장어)정해짐. 틀림없음.
　　　　　　　　　結縄 결승(글자가 없던 시대에 새끼를 매는 모양과 수로 의사를 소통
　　　　　　　　　　　　하고 기억의 방편으로 삼았던 일).
　　　　ゲッショウ　　月商 매달의 상거래 총액.

7) ③

[解説] ケンシ　　　　検視 검시.
　　　　　　　　　絹糸 견사.
　　　　　　　　　剣士 검사(한문투), 검객.
　　　　ゲンシ　　　　原始 원시.

8) ③

[解説] コウドウ　　　公道 공도, 떳떳하고 바른 길.
　　　　　　　　　講堂 강당.
　　　　　　　　　坑道 갱도.
　　　　コウトウ　　　高騰 고등.

9) ②

[解説] コクジ　　　　国事 국사.
　　　　　　　　　刻字 글자를 새김.
　　　　　　　　　告示 고시.
　　　　ゴクシ　　　　獄死 옥사.

10) ③

[解説] コンジョウ　　根性 근성.
　　　　　　　　　懇情 간정, 친절한 마음.
　　　　　　　　　今生 금생, 이생.
　　　　ゴンジョウ　　言上 여쭘, 말씀을 올림.

3.　1) かくご
　　　[解釈] 결국 각오해야 할 때가 왔다.
　　2) かくり
　　　[解釈] 의료행위로써 감염증 방지를 위해서 격리가 행해지는 경우가 있다.
　　3) こくふく
　　　[解釈] 극복이라는 것은 노력해서 곤란을 이겨낸다는 것의 의미이다.

4) かんけつ
   [解釋] 기무라 씨로부터의 메일은 꽤나 짧고 간결했다.
5) やっかん
   [解釋] 각종 약관의 다운로드는 이쪽에서 부탁 드립니다.
6) きょうかつ
   [解釋] 최근 공갈·협박사건관련 뉴스가 많아졌다.
7) いかん
   [解釋] 결국 유엔도 아베수상의 야스쿠니참배에 유감의 뜻을 표명했다.
8) かいきゅう
   [解釋] 우선 최고계급부터 한꺼번에 나열하겠습니다.
9) こうてつ
   [解釋] 이 사이트를 통해서 노보루 강철주식회사의 갖가지 정보를 볼 수가 있습니다.
10) こうじょ
    [解釋] 소득공제는 직접적으로 소득세에 영향을 준다.

4. 1) うつ
      [解釋] 영화에서 등장인물이 수중에서 총을 쏘는 장면이 있었다.
   2) すこやかに
      [解釋] 이 단체는 누구나가 평생 안심하고 건강하게 지낼 수 있는 모델이 되는 마을조성의 실현을 목표로 하고 있다.
   3) つらぬく
      [解釋] 자주 자신의 신념을 관철시키는 사람은 멋있는 것처럼 이야기 되어 진다.
   4) こぶし
      [解釋] 주먹이라는 것은 손가락을 접어 구부려 쥔 상태의 손의 형태이다.
   5) つつしむ
      [解釋] 기무라 씨는 경거망동한 행동은 자제해야만 한다는 비판을 받았다.
   6) くくる
      [解釋] 이 힘을 얻기 위해서는 우선 자신이 굳은 결심을 하는 것이 필요하다고 생각한다.
   7) たえる
      [解釋] 일본의 무더위를 견뎌내는 외국인의 반응을 조사해 보았다.
   8) えり
      [解釋] 언제나 남편의 와이셔츠는 옷깃 때 전용세제를 사용한다.
   9) くじら
      [解釋] 이 박물관에는 고래의 생태나 포경에 관한 학습·교육자료 등이 전시되어 있다.
   10) きそう
      [解釋] 무우의 형태나 크기, 잎의 색, 균형 등을 겨루는 품평회가 신주쿠 백화점에서 열렸다.

5. 1) イ   2) ウ
   3) エ   4) オ
   5) ア

6. 1) ア (緊も迫も「さしせまる」という意味)   2) イ (功は「てがら」、罪は「つみ」)
   3) エ (「克服する＋己を」と解釈する)   4) ウ (「つつしんで差し上げる」という意味)
   5) イ (寛は「ゆるやか」、厳は「きびしい」)

7. 1) 権謀
       [解説] 権謀術数(けんぼうじゅっすう)：人をあざむくためのはかりごと
    2) 冠婚
       [解説] 冠婚葬祭(かんこんそうさい)：慶弔の儀式
    3) 馬食
       [解説] 鯨飲馬食(げいいんばしょく)：一度にたくさん飲み食いする
    4) 群雄
       [解説] 群雄割拠(ぐんゆうかっきょ)：多くの実力者が対立し合う
    5) 懲悪
       [解説] 勧善懲悪(かんぜんちょうあく)：善行を勧め励まし悪行を懲らしめる

8. 1) 却脚
       [解釋] 에도시대에는 파발꾼이 편지를 날랐다.
    2) 軽傾
       [解釋] 교통체증은 매년 완화되는 경향에 있다.
    3) 激撃
       [解釋] 사고의 충격적인 영상이 흘러나왔다.
    4) 恐凶
       [解釋] 손에 지니고 있던 화병이 흉기가 되었다.
    5) 敬警
       [解釋] 극단적인 다이어트에 경종을 울린다.

제3과   한국어 초성자음 [ㅇ]이 들어가는 상용한자

Ⅳ. 문제

1. 1) ③   2) ②
   3) ②   4) ①
   5) ②   6) ④
   7) ④   8) ④
   9) ①   10) ③

2. 1) ③
      [解説]   アンキ   暗記 암기.
                             安危 안위.
                             暗鬼 어둠을 지배하는 귀신.
              アンキョ   安居 안거.
   2) ③
      [解説]   イギ   異議 이의.
                             意義 의의.
                             威儀 위의.
              キキ   危機 위기.

3) ②

解説 インシ 印紙 인지.
因子 인자.
隠士 은사.

インジ 印璽 인새.

4) ④

解説 エイイ 営為 영위.
栄位 영광스러운 지위.
鋭意 예의.

エイシ 英詩 영국 시.

5) ④

解説 エンカイ 宴会 연회.
沿海 연해.
遠海 먼 바다.

エンガイ 煙害 연기 피해.

6) ④

解説 オウトウ 王統 왕통.
応答 응답.
桜桃 앵두.

オウドウ 王道 왕도.

7) ①

解説 ゲンカ 原価 원가.
減価 감가.
言下 일언지하.

ケンカ 喧嘩 싸움.

8) ②

解説 ユウキュウ 有給 유급.
遊休 유휴.
悠久 유구.

ユウキョウ 勇怯 용기와 겁.

9) ①

解説 ヨウリョウ 要領 요령.
容量 용량.
用量 사용량.

ヨウリュウ 楊柳 버드나무.

10) ②

解説 ヨクジョウ 欲情 욕정.
浴場 목욕탕.
翼状 편 날개 모양.

ヨクシュウ 翌週 다음 주.

3. 1) ゆうが

解釈 이 플랜에는 호텔에서 즐기는 우아한 아침식사가 딸립니다.

2) あいまい

[解釋] 개인업적의 산출방법이 애매한 직종이 꽤 있다.

3) さんけい

[解釋] 참예라는 것은 신사나 절로 참배하러 가는 것이다.

4) おくそく

[解釋] 여성의 대부분은 지레짐작으로 믿거나 억측으로 괴로워한다고 한다.

5) くつじょく

[解釋] 지금이니까 말할 수 있는 굴욕을 오늘은 적나라하게 소개하겠습니다.

6) ねんしょう

[解釋] 근처 이웃의 모두에게 폐가 되는 것 같은 옥외연소행위는 하지 않도록 하고 있다.

7) はいえつ

[解釋] 배알이라는 것은 귀인이나 윗사람을 만나뵙는 것을 의미한다.

8) ようえん

[解釋] 그 여자는 수상하고 요염한 구성의 드라마에 매료된 것 같다.

9) ごうきゅう

[解釋] 딸은 사랑하는 아버지의 시신에 매달려 통곡했다.

10) どじょう

[解釋] 사업활동에 의한 토양오염문제는 기업경영상의 커다란 과제가 되었다.

4. 1) するどい

[解釋] 아름다운 장미에는 날카로운 가시가 있다.

2) ゆれ

[解釋] 공원의 그네가 흔들흔들 흔들리고 있다.

3) すみ

[解釋] 그 사람은 진열대 구석에 팔리지 않고 남은 장난감을 사서 돌아갔다.

4) おさえ

[解釋] 바람에 날아가지 않도록 모자를 누르고 있는 모습이 보인다.

5) さからう

[解釋] 민주제에 반하는 관료조직은 없애야 한다.

6) ゆるい

[解釋] 남동생은 집에 돌아오면 느슨한 실내복으로 갈아입고 편안히 지낸다.

7) こえる

[解釋] 몸 길이가 1미터를 넘는 참치를 해체했다.

8) まかせる

[解釋] 전력을 다했기 때문에 다음은 운을 하늘에 맡길 뿐이다.

9) あおぐ

[解釋] 하늘을 보자 별이 보였다.

10) いとなむ

[解釋] 나는 정년 후 찻집을 경영할 생각이다.

5. 1) イ   2) ウ
    3) エ   4) オ
    5) ア

6. 1) ア (英も俊も「すぐれる」という意味)　　2) エ (「譲る+位を」と解釈する)
　　3) ウ (「正しくないことに対するいかり」)　　4) エ (「検閲する+兵を」と解釈する)
　　5) イ (哀は「かなしむ」、歓は「よろこぶ」)

7. 1) 悪戦
　　　解説 悪戦苦闘(あくせんくとう)：困難を乗り越えようと非常な努力をすること
　　2) 意気
　　　解説 意気投合(いきとうごう)：互いの気持ちや考えなどがぴったり合うこと
　　3) 盛衰
　　　解説 栄枯盛衰(えいこせいすい)：人や家などの栄えることと衰えること
　　4) 温故
　　　解説 温故知新(おんこちしん)：前に習ったことや昔の事柄を復習し考えて新たな道理や知識を
　　　　　　会得すること
　　5) 周到
　　　解説 用意周到(よういしゅうとう)：心づかいが行き届いて、準備に手ぬかりのないさま

8. 1) 依 威
　　　解釋 감시카메라는 재해시의 구원활동에도 위력을 발휘한다.
　　2) 愉 癒
　　　解釋 회사의 동료는 예상외로 빨리 쾌유해서 어제 퇴원했다.
　　3) 約 躍
　　　解釋 후배의 활약도 있어서 우리 모교는 삼위의 성적을 거뒀다.
　　4) 偉 遺
　　　解釋 매장문화재사무소가 화재가 나, 귀중한 위물이 불에 탔다.
　　5) 宴 演
　　　解釋 연극 상연이 정각에 시작된다.

제4과　한국어 초성자음 [ㅋ]과 [ㅎ]이 들어가는 상용한자

Ⅳ. 문제

1. 1) ②　　　　　　　　　　　　　2) ②
　　3) ③　　　　　　　　　　　　　4) ④
　　5) ①　　　　　　　　　　　　　6) ④
　　7) ④　　　　　　　　　　　　　8) ①
　　9) ④　　　　　　　　　　　　　10) ①

2. 1) ②
　　　解説　カイホウ　　　快報 쾌보
　　　　　　　　　　　　　回報 회보
　　　　　　　　　　　　　懷抱 회포
　　　　　　　ガイボウ　　外貌 외모
　　2) ③

[解説] カキ   夏季 하계
                花器 화기
                下記 하기
     ガギ   画技 화기. 그림 그리는 기법

3) ①
[解説] カクシン   確信 확신
                  革新 혁신
                  核心 핵심
     ガクジン   楽人 악인. 악사

4) ②
[解説] カンカイ   環海 환해. 사방이 바다로 둘러쌓여 있음
                  緩解 완해. 증상, 병세 따위의 진행이 멎어 편하게 됨
                  感懐 감회
     カンガイ   寒害 한해. 냉해

5) ④
[解説] キョウカン   郷関 향관. 고향
                  凶漢 흉한
                  峡間 협간. 골짜기
     ギョウカン   行間 행간

6) ③
[解説] クンコウ   勲功 훈공
                  薫香 훈향. 좋은 향기를 내기 위해서 피우는 향
                  君公 군공. 군주
     グンコウ   軍港 군항

7) ①
[解説] ゲンカン   玄関 현관
                  現官 현관. 현재의 관직
                  厳寒 엄한
     ケンカン   顕官 현관. 고관

8) ②
[解説] コウキ   好機 호기
                  後記 후기
                  衡器 형기. 저울
     ゴウキ   豪気 호기. 장한 의기

9) ④
[解説] コウソウ   抗争 항쟁
                  後送 후송
                  皇宗 天皇의 역대 선조
     コウソ   酵素 효소

10) ③
[解説] コンシン   懇親 간친. 친목(한문투)
                  混信 혼신(전신, 방송 따위에서 다른 송신국의 송신이 섞여 들림)
                  渾身 혼신. 몸 전체
     コンジン   金神 금신. 陰陽師가 위하는 방위의 신

3. 1) しゅくが
   [解釋] 사법서사시험에 합격된 사람들을 위해 전국각지에서 합격축하회가 성대하게 개최되었다.
   2) がいとう
   [解釋] 후생노동성에서는 제품의 원재료가 되는 것에 대해서 의약품에 해당하는지 아닌지의 판단을 제시하고 있다.
   3) こりつ
   [解釋] 일본의 일부 매스컴에서도 일본은 세계에서 고립될 것이라고 떠들썩하게 써대고 있다.
   4) しゅうわい
   [解釋] 수회라는 것은 뇌물을 받는 것이다.
   5) ぎゃくたい
   [解釋] 아동학대는 아동의 인권을 현저하게 침해한다.
   6) れいこん
   [解釋] 영혼의 존재를 증명하는 과학적 실험이 과거에 몇 번인가 행해졌다고 한다.
   7) かんかつ
   [解釋] 이 경우, 지방경찰은 전국(도도우후켄)을 소관하는 총무성의 관할이 된다.
   8) がんゆう
   [解釋] 정부는 유해물질을 함유하는 가정용품 규제에 관한 법률을 정했다.
   9) かいきょう
   [解釋] 이스탄불의 시가지는 해협의 서쪽으로 역사적으로 발전해 왔다.
   10) こうぎ
   [解釋] 이 드라마에 대해서 병원관계자나 아동복지 관계자들로부터 항의의 소리가 일고 있다.

4. 1) くちる
   [解釋] 벌레가 먹어 동백나무가 썩는다.
   2) たずさわる
   [解釋] 비행소년의 교육에 종사하는 사람의 근심도 크다.
   3) たしかめる
   [解釋] 사장은 언제나 회의시간을 비서에게 확인한다.
   4) かしこい
   [解釋] 까마귀는 인간의 습성을 아는 현명한 새다.
   5) かえる
   [解釋] 나는 오늘부터 편지가 아니라 메일로 바꾸기로 했다.
   6) つめる
   [解釋] 어머니는 지진에 대비해서 비상봉투에 물과 식료품을 채워 넣는다.
   7) けわしい
   [解釋] 친구는 숨을 헐떡거리면서 험한 산을 올랐다.
   8) すい
   [解釋] 형은 도시의 공기를 마시고 싶어서 상경했다.
   9) あわて
   [解釋] 탑승구에서 항공권이 안 보여서 당황하면서 찾았다.
   10) おこす
   [解釋] 나는 부모로부터 독립해서 새롭게 회사를 세울 작정이다.

5. 1) イ
   3) エ
   5) ア
   2) ウ
   4) オ

6. 1) ウ (「非常によく似ている」という意味)   2) エ (「抗(ふせぐ)＋ばい菌がふえるのを」)
   3) イ (興は「さかんになる」、廃は「ほろびる」)   4) エ (「懐(おもう)＋疑いを」と解釈する)
   5) ア (陥も没も「おちこむ」という意味)

7. 1) 津津
   解説 興味津津(きょうみしんしん)：非常に関心があること
   2) 禍福
   解説 禍福得失(かふくとくしつ)：災いにあったり、幸せになったり、出世したり、失敗する
   3) 無恥
   解説 厚顔無恥(こうがんむち)：ずうずうしくて恥知らずなこと
   4) 換骨
   解説 換骨奪胎(かんこつだったい)：外見は同じだが、内容は違う
   5) 風月
   解説 花鳥風月(かちょうふうげつ)：自然の風景や風物の美しさ

8. 1) 確 獲
   解釋 노력의 결과, 우승트로피를 획득했다.
   2) 向 抗
   解釋 편식하지 않고 저항력을 몸에 지닌다.
   3) 還 環
   解釋 거주지역의 환경개선을 요구한다.
   4) 歓 換
   解釋 태양열 구동의 전파시계는 전지교환도 불필요해서 호평이다.
   5) 酵 香
   解釋 삼림욕으로 수목의 방향을 만끽한다.

제5과 한국어 초성자음 [ㄷ]과 [ㅌ]이 들어가는 상용한자

Ⅳ. 문제

1. 1) ③
   3) ②
   5) ③
   7) ④
   9) ②
   2) ①
   4) ①
   6) ③
   8) ④
   10) ④

2. 1) ②
   解説 タイイ   大意 대의.

退位 퇴위.

大尉 대위.

ダイイ 代位 대위. 다른 사람을 대신해서 그 지위에 오름.

2) ③

解説 タイイン 退院 퇴원.

隊員 대원.

太陰 태음.

ダイイン 代印 대인. 대리 도장.

3) ①

解説 ダイチ 大地 대지.

台地 대지. 주위보다 높은 평지.

代置 대치. 대신으로 둠.

タイチ 対置 대치. 대조적인 위치에 둠.

4) ④

解説 ダッカン 脱監 탈감. 탈옥.

脱簡 탈간. 책 속의 편이나 장이 없거나 낙장이 있는 것.

奪還 탈환.

タッカン 達観 달관.

5) ②

解説 タンコウ 炭鉱 탄광.

単行 단행.

淡紅 엷은 홍색.

ダンコウ 断交 단교.

6) ③

解説 ダンソウ 断層 단층.

男装 남장.

弾奏 탄주.

タンソウ 炭層 탄층. 지층 중의 석탄층.

7) ①

解説 タンチョウ 単調 단조.

短調 단조.

丹頂 두루미.

ダンチョウ 団長 단장.

8) ④

解説 トウガイ 当該 해당.

凍害 동해. 추위로 인한 농작물의 피해.

等外 등외.

トウカイ 倒壊 도괴. 무너짐.

9) ③

解説 ドウギ 動議 동의.

道義 도의.

胴着 방한용 속옷.

トウギ 闘技 투기.

10) ②

〔解説〕　トクシン　　　得心　납득함.

特進　특진.

篤信　독신. 신앙이 두터움.

ドクシン　　　独身　독신.

3.　1) たいぐう

〔解釋〕 회사의 대우라는 것은 일을 정함에 있어서 중요시하는 사람도 있다.

2) ちょうば

〔解釋〕 한국선수가 이번 뜀틀대회에서 우승했다.

3) とくしか

〔解釋〕 독지가 카네기의 일생을 그린 책이 나왔다.

4) たんこう

〔解釋〕 스즈키 단강은 창업이래 일관되게 고급특수강 단조에 몰두하고 있다.

5) どんかん

〔解釋〕 사회의 움직임에 둔감한 학자는 시대에 뒤떨어진 사람이 된다.

6) だっかん

〔解釋〕 연합군은 진지를 결국 탈환했다.

7) たんけっせき

〔解釋〕 아버지는 담결석으로 유명한 대학병원에 입원하고 있다.

8) とうじょう

〔解釋〕 공항안내방송에 따라 우리들은 탑승하기 시작했다.

9) とうぶん

〔解釋〕 당분은 과자뿐만이 아니라 일본식 식사나 청량음료수에도 사용되고 있다.

10) とうらくりつ

〔解釋〕 등락률은 어디까지나 과거의 실적이다.

4.　1) いたむ

〔解釋〕 장례식에는 아버지의 죽음을 슬퍼하는 제자들이 많이 모였다.

2) おこたる

〔解釋〕 상사에게 보고를 게을리하는 부하도 있다.

3) しりぞける

〔解釋〕 독선적인 이사를 제거할 방법을 생각하고 있다.

4) すかす

〔解釋〕 손바닥을 태양에 비추어 보자 손바닥이 빨갛게 보인다.

5) にごる

〔解釋〕 탁음을 탁한 음이라고도 한다.

6) なげく

〔解釋〕 자신의 경우를 한탄만 해서는 아무 것도 바뀌지 않는다.

7) かつぐ

〔解釋〕 마을 내의 축제에서 가마를 짊어질 사람을 찾고 있다.

8) むさぼる

〔解釋〕 소년은 나온 밥을 탐하듯이 먹었다.

9) ふむ
　　[解釋] 참가한 사람 중에 20년만에 고국 땅을 밟는 사람도 있었다.
10) こごえる
　　[解釋] 양말을 신지 않으면 발이 언다.

5.　1) イ　　　　　　　　　　　　　　2) ウ
　　3) エ　　　　　　　　　　　　　　4) オ
　　5) ア

6.　1) ア (怠も惰も「なまける」という意味)　　　2) エ (「退く＋法廷を」と解釈する)
　　3) ウ (独は「ひとりで」、酌は「酒をつぐ」)　　4) イ (貸は「かす」で、借は「かりる」)
　　5) エ (「盗む＋次の塁を」と解釈する)

7.　1) 自若
　　　[解説] 泰然自若(たいぜんじじゃく)：落ち着きはらい少しも動じない
　　2) 多情
　　　[解説] 多情多感(たじょうたかん)：感情が豊かで物事に感じやすい
　　3) 小異
　　　[解説] 大同小異(だいどうしょうい)：似たりよったりである
　　4) 泰山
　　　[解説] 泰山北斗(たいざんほくと)：学問芸術などの第一人者
　　5) 西走
　　　[解説] 東奔西走(とうほんせいそう)：四方八方忙しく走り回ること

8.　1) 息 滞
　　　[解釋] 대학에서의 연구성과는 정체된 경제의 활성화에 도움이 될 것 같다.
　　2) 討 闘
　　　[解釋] 오랜기간의 투병생활을 여지없이 하게 되었다.
　　3) 途 渡
　　　[解釋] 해외에의 도항비용을 필사적으로 모은다.
　　4) 担 丹
　　　[解釋] 용구의 점검을 공들여 행했다.
　　5) 奪 脱
　　　[解釋] 극도의 탈수증상으로 레이스를 기권했다.

[제6과] 한국어 초성자음 [ㄴ]과 [ㄹ]이 들어가는 상용한자

Ⅳ. 문제

1.　1) ④　　　　　　　　　　　　　　2) ①
　　3) ③　　　　　　　　　　　　　　4) ②
　　5) ①　　　　　　　　　　　　　　6) ③

7) ④   8) ②
9) ①   10) ②

2.   1) ③
      [解説] ノウエン   脳炎 뇌염.
                          濃艶 농염. 요염하고 아름다움.
                          農園 농원.
             ロウエン   狼煙 낭연. 봉화.
      2) ②
      [解説] ラクショウ   楽勝 낙승.
                          落掌 입수함. 편지 따위를 손에 넣음.
                          落照 낙조. 석양.
             ラクジョウ   落城 낙성. 성이 함락됨.
      3) ④
      [解説] ランセイ   濫製 난제. 제 멋대로 만듦.
                          乱世 난세.
                          卵生 난생.
             レンセイ   錬成 연성. 단련하여 훌륭하게 만듦.
      4) ②
      [解説] リュウタイ   流体 유체.
                          隆替 융체. 성쇠.
                          留滞 정체.
             リュウダイ   留題 명승지에 가서 그 지역에 맞는 시가를 읊는 것.
      5) ④
      [解説] リョウカン   猟官 엽관.
                          量感 양감. 볼륨.
                          僚艦 요함. 자기 편의 군함.
             リョウガン   両岸 양안. 강의 양쪽 기슭.
      6) ④
      [解説] リンカン   林間 임간. 수풀 사이.
                          輪換 윤작. 돌려짓기
                          臨監 그 장소에 가서 감독, 감시하는 것.
             ニンカン   任官 임관.
      7) ①
      [解説] レイカ   冷夏 냉하.
                          零下 영하.
                          霊化 영화. 영적인 것으로 됨.
             ライカ   雷火 낙뢰에 의한 화재.
      8) ①
      [解説] レイジョウ   礼状 예장. 사례편지.
                          令嬢 영양. 따님.
                          霊場 영지. 신불의 영험이 현저한 곳.
             レイショウ   例証 예증. 예를 들어 증명함.

9) ③

解説 レンセイ 錬成 연성.(심신을)단련하여 훌륭하게 만듦.

連星 쌍성.

廉正 염정. 마음이 정결하고 사욕이 없어 정직한 것.

レンサイ 連載 연재.

10) ②

解説 ロウショウ 労相 노동부 장관.

老将 노장.

朗唱 낭송.

ロウジョウ 楼上 망루 위.

3. 1) にんたい

解釋 지금의 자신에게 어느 정도의 인내력이 갖추어져 있는지 체크해 보자.

2) ほりょ

解釋 근대 이전에는 민간인을 잡은 경우에라도 포로라고 불렀다.

3) るいけい

解釋 소니사는 [플레이스테이션4]가 3월 2일 시점에서 세계누계 600만대를 돌파한 것을 발표했다.

4) いんとく

解釋 이 사무소에는 상속재산은닉에 관한 고민을 가지고 있는 사람이 자주 온다.

5) りんり

解釋 일본의 대학입시에 있어서 공민이라는 교과는 정치경제, 윤리, 현대사회의 3과목이다.

6) れっとう

解釋 열등감이라는 것은 타인에 대해서 자신이 떨어진다고 느끼는 것이다.

7) ねんざ

解釋 바른 염좌의 치료방법을 가르쳐 주세요.

8) りょうし

解釋 근처에 사는 사냥꾼인 할아버지의 영향으로 나는 사냥꾼이 되었다.

9) れいきゃく

解釋 최근 자연환경을 이용한 냉각방식이 주목 받고 있다.

10) ちょうろう

解釋 기무라 대표는 SNS의 공간에서 조롱의 대상이 되었다.

4. 1) つとめる

解釋 어떤 일이 있어도 화 내지 않으려고 노력한다.

2) はげむ

解釋 자금이 안정되어 안심하고 장사에 전념할 수가 있었다.

3) もれる

解釋 오래된 집이어서 말하는 소리가 새어 나온다.

4) ふもと

解釋 이 산은 꼭대기부터 산기슭까지 많은 매력이 숨겨져 있다.

5) みだれる

解釋 경제위기로 나라의 질서가 어지럽다.

6) さける

[解釋] 벼락으로 나무가 크게 쪼개지는 광경을 목격했다.

7) のぞむ

[解釋] 그는 재판에 임함에 있어서 서류를 정리한다.

8) おさめる

[解釋] 지금이 세금을 세무서에 납입하는 시기다.

9) みささぎ

[解釋] 능이라는 것은 능선이 긴 커다란 언덕의 의미이다.

10) はく

[解釋] 언제나 남동생은 양말을 벗고 맨발로 샌들을 신는다.

5. 1) イ   2) ウ
   3) エ   4) オ
   5) ア

6. 1) エ (「納める＋棺に」と解釈する)   2) ア (虜も囚も「とらわれた人」という意味)
   3) ウ (廉は「安い」、価は「ねだん」という意味)   4) エ (「納める＋涼を」と解釈する)
   5) イ (任は「任命する」、免は「免職させる」)

7. 1) 離合
     [解説] 離合集散(りごうしゅうさん)：離れたり集まったりすること
   2) 男女
     [解説] 老若男女(ろうにゃくなんにょ)：年寄りと若者、男と女
   3) 不落
     [解説] 難攻不落(なんこうふらく)：攻めにくく簡単には陥落しないこと
   4) 外剛
     [解説] 内柔外剛(ないじゅうがいごう)：内は柔らかで外は剛い意
   5) 臨機
     [解説] 臨機応変(りんきおうへん)：状況や事態の変化に応じて適切な処置をすること

8. 1) 隣 臨
     [解釋] 그는 오랫동안 연극계에 군림해 온 명배우다.
   2) 律 率
     [解釋] 일본의 식량자급률은 낮다.
   3) 糧 料
     [解釋] 방대한 자료를 근거로 논문을 완성시켰다.
   4) 老 労
     [解釋] 이것은 오랜 기간에 걸쳐 써낸 노작이다.
   5) 零 齢
     [解釋] 일본의 출생한 어린이 수가 적고 고령화 되어가는 사회에 대해서 생각한다.

Ⅳ. 문제

1.
1) ②
2) ④
3) ③
4) ①
5) ④
6) ①
7) ③
8) ②
9) ③
10) ③

2.
1) ②
해설
バイカ	売価 판매가.
	倍加 배가.
	梅花 매화.
ハイガ	拝賀 배하. 삼가 치하함.

2) ②
해설
ボウケン	冒険 모험.
	望見 망견. 먼 데서 바라봄.
	剖検 부검.
ボウゲン	妄言 망언.

3) ④
해설
ボシ	母子 모자.
	墓誌 묘지. 망자의 사적 등을 비석에 적는 문.
	暮歯 노령. 만년.
ホジ	保持 계속 유지함.

4) ②
해설
マイソウ	埋葬 매장.
	昧爽 이른 새벽. 여명.
	埋草 사일리지. 생 목초 등의 사료.
マイゾウ	埋蔵 매장.

5) ③
해설
マンプク	満腹 만복.
	万福 만복.
	満幅 전폭. 전체의 폭.
ハンプク	反復 반복.

6) ④
해설
ミカン	未完 미완.
	蜜柑 밀감.
	味感 미감.
ビカン	美観 미관.

7) ②
해설
| ムチュウ | 夢中 꿈 속. |
| | 霧中 안개 속. |

無柱 기둥이 없음.
ムチョウ 　　　　無腸 절조가 없음.
8) ③
[解説] メイキ 　　銘記 명기. 명심.
　　　　　　　　明記 명기. 똑똑히 씀.
　　　　　　　　名器 명기.
メイギ 　　　　名技 명기. 훌륭한 재주.
9) ①
[解説] モクシ 　　目視 눈으로 보는 것.
　　　　　　　　黙示 묵시.
　　　　　　　　牧士 목장에서 소나 말의 사육에 종사하는 사람.
モクジ 　　　　目次 목차.
10) ①
[解説] モンチュウ 　門柱 문기둥.
　　　　　　　　問注 원고와 피고를 취조해서 그 진술한 바를 기록하는 것.
　　　　　　　　門中 오키나와에서 동족의 결합체를 말함.
モンチョウ 　　紋帳 여러가지 문양을 모은 책자.

3.　1) まもう
　　[解釋] 이것은 사이드가 마모된 것에 의해서 일어난 현상이다.
　　2) むじゅん
　　[解釋] 중국경제의 모순이 드러나기 시작하고 있다.
　　3) びょうしゃ
　　[解釋] 초심자에게 있어서 묘사와 설명의 구별은 어렵다.
　　4) びみょう
　　[解釋] 미묘한 판정 때에는 경기장 내에서 리플레이 영상을 내 보내도록 되어있다.
　　5) こまく
　　[解釋] 귀이개로 고막을 건드려 버리는 사람이 의외로 많다고 한다.
　　6) ぼくちく
　　[解釋] 현대의 과학자는 목축을 하면 당연히 토지는 비옥해 질 거라고 한다.
　　7) まんせい
　　[解釋] 최근 만성 두통에 괴로워하는 사람이 많은 것 같다.
　　8) けいべつ
　　[解釋] 요즈음 담배를 경멸하는 사람도 있는 것 같다.
　　9) もうら
　　[解釋] 이 사전은 모든 게임용어를 망라한 것이다.
　　10) もうこう
　　[解釋] 일본이 초반에 맹공을 보였다.

4.　1) うめる
　　[解釋] 가장 사랑하는 사람을 잃은 슬픔을 메우기 위해 일에 몰두한다.
　　2) したう
　　[解釋] 형은 언제나 돌아가신 어머니의 모습을 그리워한다.

3) しげれ

   [解釋] 뜰에 정원수가 무성해지면 밖에서 보이지 않게 된다.

4) だまる

   [解釋] 아내는 화가 나면 말을 안 하는 습관이 있다.

5) まぬかれる

   [解釋] 그는 아슬아슬하게 사고에서 벗어날 수가 있었다.

6) ほろびる

   [解釋] 핵전쟁이 일어나면 지구는 멸망할 것이다.

7) さげすむ

   [解釋] 남을 멸시하는 행위는 해서는 안 된다.

8) のぞむ

   [解釋] 남동생은 부모의 바람대로 의사가 되었다.

9) なき

   [解釋] 해질녘 까마귀가 울면서 날아 간다.

10) わすれる

   [解釋] 팀은 결속을 잊어버리면 지는 법이다.

5. 1) イ 　　　　　　　　　　2) ウ
   3) エ 　　　　　　　　　　4) オ
   5) ア

6. 1) オ (「未」+「明」で、「まだ明けていない」) 　　2) ア (摩も擦も「こする」という意味)
   3) ウ (妙は「若い」で、「うら若い年ごろ」) 　　4) エ (「滅ぼす＋ばい菌を」と解釈する)
   5) イ (美は「美しい」、醜は「みにくい」)

7. 1) 一致

   [解說] 満場一致(まんじょういっち)：その場にいる人々全員の意見が一致すること。

   2) 徒食

   [解說] 無為徒食(むいとしょく)：何もしないでただぶらぶらとして日を過ごすこと。

   3) 奉公

   [解說] 滅私奉公(めっしほうこう)：自分をかえりみることなく、国家や主人などのために忠誠を
   尽くすこと。

   4) 三遷

   [解說] 孟母三遷(もうぼさんせん)：孟子の母が、孟子に環境の悪い影響がおよぶのを避けるため、
   三度にわたって住居を移した故事。

   5) 一体

   [解說] 物我一体(ぶつがいったい)：仏教で、物と我とが、分け隔てなく一つになること。

8. 1) 慕 募

   [解釋] 사진 콩쿠르의 응모작품을 엄정하게 심사했다.

   2) 味 魅

   [解釋] 전 품목 백엔 가게는 싸고 편리한 상품이 풍부해서 쇼핑객에게는 매력이 있다.

3) 満慢

[解釋] 이것은 무농약 야채를 사용한 어머니가 자랑하는 수제요리다.

4) 明迷

[解釋] 정국은 혼미스러운 정도를 더했다.

5) 網猛

[解釋] 이번 여름은 심하게 더울 것이라고 한다.

제8과 한국어 초성자음 [ㅍ]이 들어가는 상용한자

Ⅳ. 문제

1. 1) ④   2) ②
    3) ③   4) ③
    5) ①   6) ③
    7) ③   8) ④
    9) ②   10) ①

2. 1) ④

    [解説] ハイカン   廃刊 폐간
                          配管 배관
                          背汗 배한. 등에서 나는 식은 땀
          バイカン   陪観 배관. 높은 사람을 모시고 구경함

    2) ②

    [解説] ハイショク   敗色 패색
                          配色 배색
                          廃職 폐직. 관직을 폐지하는 것
          バイショク   陪食 배식. 귀인을 모시고 식사함

    3) ③

    [解説] ハイタイ   敗退 패퇴
                          廃退 폐퇴. 황폐하여 무너짐
                          胚胎 배태. 새끼를 뱀
          バイタイ   媒体 매체

    4) ②

    [解説] ハンテイ   判定 판정
                          藩邸 제후의 저택
                          反帝 제국주의에 반대하는 일
          バンテ   番手 성을 지키는 무사

    5) ①

    [解説] ヒケン   披見 피견.(서류 따위를 펴 봄)
                          比肩 비견. 견줌
                          披験 피험
          ヒゲン   飛言 비언. 근거가 없는 말

6) ②

解説 ヒロウ 疲労 피로

披露 피로. 공표

卑陋 비루. 야비함. 천함

ヒリョウ 肥料 비료

7) ②

解説 ヒョウカ 評価 평가

氷菓 빙과. 얼음과자

表価 화폐의 표면에 쓰여진 가격. 액면가격

ヒョウガ 氷河 빙하

8) ④

解説 ヒョウソウ 表装 표구

氷霜 얼음과 서리

表層 표층

ビョウソウ 病巣 병의 근원

9) ③

解説 ヘイコウ 平行 평행

閉講 폐강

並行 병행

ヘイゴウ 併合 병합

10) ①

解説 ヘンサイ 返済 반제. 갚음

変災 재난

辺際 (토지나 사물의)끝. 한계

ヘンザイ 偏在 편재

3. 1) はあく

解釈 지정도시 교육위원회에 의뢰한 체벌에 관한 실태파악의 결과가 나왔다.

2) へいしゃ

解釈 폐사라는 것은 자신의 회사를 낮추어서 이르는 말이다.

3) ひょうじゅん

解釈 도로통신 표준의 구조를 간단히 설명하겠습니다.

4) ばくはつ

解釈 이라크 시내에서 낮에 폭발사고가 일어났다.

5) はんばい

解釈 경쟁상대인 사원이 역 앞에서 올 해의 신상품을 판매하고 있다.

6) ひつよう

解釈 마라톤을 할 때 수분보급은 반드시 필요하다.

7) ひんかく

解釈 뉴욕은 품격 높은 국제도시의 이미지를 실현하고 있다.

8) びんぼう

解釈 어렸을 때 나는 가난했었다.

9) ぼうちょう

　　解釋 현재의 우주는 팽창하고 있다.

10) ほうふ

　　解釋 이 학교는 풍부한 커리큘럼을 제공하고 있다.

4.　1) やぶれる

　　解釋 유도시합에서 챔피언이 도전자에게 지는 때도 있다.

　2) すたれる

　　解釋 유행은 바로 사라지는 것이다.

　3) だき

　　解釋 남동생은 엄마에게 안기어 울고 있다.

　4) あきる

　　解釋 나도 한번 질릴 정도로 술을 마시고 싶다.

　5) ただよう

　　解釋 그는 바다에 떠다니는 떼에 몸을 맡겼다.

　6) こうむる

　　解釋 본인이 눈치채지 못하는 중에 주위사람이 어려움을 당하는 경우도 있다.

　7) さける

　　解釋 이웃나라와 경제마찰을 피하기 위하여 노력한다.

　8) あばれる

　　解釋 경찰은 폭도가 거리에서 난동부리는 것을 진압하고 있었다.

　9) かたより

　　解釋 아버지는 생각이 너무 편협되어 있다.

10. あむ

　　解釋 선물로 장갑을 짜는 여성을 본 적이 있다.

5.　1) イ　　　　　　　　　　　　　　　　2) ウ
　3) エ　　　　　　　　　　　　　　　　4) オ
　5) ア

6.　1) イ (彼は「相手がた」、我は「自分のほう」)　2) エ (「罷(やめる)＋業務を」と解釈する)
　3) ア (破も裂も「やぶれる」という意味)　4) ウ (「飽きるほど十分に食べること」)
　5) イ (豊は「豊作」、凶は「凶作」)

7.　1) 美人

　　解説 八方美人(はっぽうびじん)：誰にも悪く思われないように如才(じょさい)なく振舞うこと。

　2) 万丈

　　解説 波瀾万丈(はらんばんじょう)：物事の変化がきわめて激しいこと。

　3) 被害

　　解説 被害妄想(ひがいもうそう)：ありもしない危害を受けていると思い込むこと。

　4) 一体

　　解説 表裏一体(ひょうりいったい)：二つのものが表と裏のように密接な関係にあること。

5) 品行

　　解説 品行方正(ひんこうほうせい)：行いや心が正しく、やましい点がないこと。

8. 1) 派 波

　　解説 회의는 분규가 일어날 것 같은 양상을 보였다.

　2) 必 匹

　　解説 이 업적은 노벨상에 필적한다.

　3) 避 被

　　解説 홍수의 피해상황을 조사한다.

　4) 哺 捕

　　解説 야생조수를 포획하는 것은 일반적으로 금지되어 있다.

　5) 披 疲

　　解説 피로회복에는 가벼운 운동도 효과적이다.

제9과 한국어 초성자음 [ㅂ]이 들어가는 상용한자

Ⅳ. 문제

1. 1) ③　　　　　　　　　　　　　　2) ②
　3) ④　　　　　　　　　　　　　　4) ③
　5) ③　　　　　　　　　　　　　　6) ①
　7) ④　　　　　　　　　　　　　　8) ②
　9) ①　　　　　　　　　　　　　10) ④

2. 1) ④
　　解説　ハイカ　　　　配下 부하. 지배를 받는 것
　　　　　　　　　　　　廃家 폐가
　　　　　　　　　　　　排貨 어떤 사람·기업, 또 어떤 나라의 상품을 배척하여 거래를 않음
　　　　　　ハイガ　　　拝賀 삼가 치하함
　2) ②
　　解説　ハイコウ　　　廃校 폐교
　　　　　　　　　　　　廃鉱 폐광
　　　　　　　　　　　　背光 후광. 명예
　　　　　　ハイゴ　　　背後 배후
　3) ③
　　解説　ハッケン　　　発券 발권
　　　　　　　　　　　　白鍵 흰 건반
　　　　　　　　　　　　発見 발견
　　　　　　ハッゲン　　発現 실지로 나타남
　4) ①
　　解説　ハンカン　　　反感 반감
　　　　　　　　　　　　繁簡 번간. 번잡함과 간략함

		半官 반관. 반은 정부가 관여함
	ハンガン	判官 옛날 관제로 四等官 중 셋째 계급. 재판관

5) ②

解説	バンジョウ	盤上 바둑, 장기 등의 반상
		万乗 천자의 지위
		板状 널조각 같은 형상
	バンショウ	晩鐘 만종

6) ③

解説	ホウカ	放火 방화
		法科 법과
		砲火 포화
	ホウガ	邦画 방화

7) ②

解説	ボウシ	防止 방지
		紡糸 방사
		帽子 모자
	ホウシ	胞子 포자

8) ①

解説	フクショウ	副賞 부상
		復唱 복창
		複称 복칭. 복잡한 명칭
	フクシュウ	復讐 복수

9) ④

解説	フンセン	奮戦 분전
		噴泉 솟아나는 샘
		紛戦 적과 아군이 서로 섞여 싸우는 것
	フンゼン	憤然 분연

10) ②

解説	ビコウ	備考 비고
		鼻腔 비강
		尾行 미행
	ヒコウ	非行 비행

3. 1) はいじょ

   解釋 이번에 폭력단 배제에 관한 구체적인 시책을 정하게 되었다.

   2) ひひょう

   解釋 이 사이트에는 솔직한 최신영화비평이 쓰여져 있다 .

   3) はくがい

   解釋 박해라는 것은 힘으로 탄압하는 행위를 말한다.

   4) せんぱん

   解釋 일전에는 와 주셔서 정말 고마웠습니다.

   5) ばっさい

   解釋 야마나시현 가와구치호수에서 벗나무의 가지가 무단으로 벌채되어지는 피해가 속출하고 있다.

6) もはん

[解釋] 그는 중간관리직의 모범이 되는 인물이다.

7) ぼうがい

[解釋] 영업방해라는 것은 영업활동을 하고 있는 자의 활동 등에 방해가 되는 행위를 말한다.

8) さいほう

[解釋] 재봉은 누구나가 한 번은 한 적이 있는 것이다.

9) ふはい

[解釋] 부정행위와 부패는 모든 조직에 있어서 커다란 주요 리스크다.

10) ひんぱん

[解釋] 아내가 동창회에 참가하고 나서 빈번하게 라인을 하게 되었다.

4.　1) つちかう

[解釋] 비옥한 토양에서 묘목을 배양하면 잘 자란다.

2) おもむく

[解釋] 사령관은 전장으로 향하는 병사를 보냈다.

3) そなえる

[解釋] 남동생은 언제나 철야를 하면서 시험에 대비한다.

4) しばる

[解釋] 산 속이어서 아버지는 상처를 손수건으로 묶는 처치를 했다.

5) わずらう

[解釋] 염원이 이루어진 지금, 마음에 근심이 되는 것은 아무 것도 없다.

6) ひるがえす

[解釋] 바람이 나뭇잎을 뒤집을 때마다 와삭와삭 소리가 난다.

7) ぬく

[解釋] 어머니는 발에 박힌 가시 빼는 것을 잘 한다.

8) わく

[解釋] 여름이라면 목욕 물이 10분 정도면 끓을 것이다.

9) はなす

[解釋] 생명줄로부터 손을 놓는 행위는 위험하다.

10) くずれる

[解釋] 기후의 변화로 생태계가 붕괴되는 경우가 많아지고 있다.

5.　1) ウ　　　　　　　　　　　　　2) イ
　　3) エ　　　　　　　　　　　　　4) オ
　　5) ア

6.　1) エ (「防ぐ＋疫病を」と解釈する)　　2) ア (「賠も償も「つぐなう」という意味)
　　3) ウ (「ほかと一緒に用いる」という意味)　4) エ (「噴く＋火を」と解釈する)
　　5) ア (培も養も「やしなう」という意味)

7.　1) 強兵

[解説] 富国強兵(ふこくきょうへい)：国の経済力を高め、軍事力を増強すること 。

2) 拍手

[解説] 拍手喝采(はくしゅかっさい)：手をたたいて、おおいにほめたたえること。

3) 塞源

[解説] 抜本塞源(ばっぽんそくげん)：災いの原因を取り除くこと。

4) 栄華

[解説] 富貴栄華(ふうきえいが)：富んで位高く栄えときめくこと。

5) 無人

[解説] 傍若無人(ぼうじゃくぶじん)：人前にもかかわらず、勝手で無遠慮な振る舞いをすること。

8. 1) 博 拍

[解釋] 연주가 끝나고 홀은 우레와 같은 박수에 둘러싸였다.

2) 否 秘

[解釋] 피의자가 묵비권을 계속 행사해서 수사의 진전이 없다.

3) 奮 雰

[解釋] 유학생 환영회는 부드러운 분위기에 싸여 있었다.

4) 噴 紛

[解釋] 빈곤과 분쟁에 괴로워하는 아이들의 구원활동을 한다.

5) 伏 服

[解釋] 최고봉을 정복했을 때의 괴로움을 이야기한다.

제10과 한국어 초성자음 [ㅅ][ㅆ]이 들어가는 상용한자

IV. 문제

1. 1) ②   2) ④
   3) ④   4) ①
   5) ②   6) ③
   7) ④   8) ④
   9) ③   10) ①

2. 1) ②

[解説]
サンコウ	参向 찾아가 뵘
	賛仰 찬앙. 성인의 학덕을 칭송함
	散光 산란광
ザンコウ	残光 잔광

2) ③

[解説]
シセイ	姿勢 자세.
	市政 시정.
	至誠 지성.
ジセイ	時勢 시세.

3) ④

[解説]
シャコウ	社交 사교
	斜光 비스듬히 비치는 빛
	射幸 사행. 요행을 노림
シャコ	車庫 차고

4) ②

解説　ショウカイ　照会 조회

商会 상회

詳解 상세한 해석

ジョウカイ　常会 정례회의

5) ③

解説　シンスイ　浸水 침수

心酔 심취

進水 진수

シンズイ　真髄 진수

6) ④

解説　スイコウ　遂行 수행

推考 추측하여 생각함

水耕 수경

ズイコウ　随行 수행

7) ④

解説　セイセイ　生成 생성

精製 정제

整斉 정제. 정돈하여 가지런한 모양

ゼイセイ　税制 세제

8) ②

解説　センセイ　専制 전제

宣誓 선서

潜性 잠성. 안에 숨어 있어 겉으로 드러나지 않는 성질

ゼンセイ　全盛 전성

9) ①

解説　ソウホウ　双方 쌍방

奏法 연주법

走法 주법

ゾウホウ　増俸 증봉. 봉급을 올림

10) ①

解説　ゾクセイ　属性 속성

俗姓 중이 되기 전의 성

族制 족제

ソクセイ　即製 즉석 제작

3. 1) しさ

解釈 엘렌의장은 내년 봄에 금리 인상을 개시할 가능성을 시사했다.

2) こくじ

解釈 일본의 국새는 약 9센티미터의 금인장으로 [대일본국새] 라고 새겨져 있다.

3) そがい

解釈 나는 그의 친구에게 친숙해 질 수 없어서 언제나 소외감을 느낀다.

4) こつずい

[解釋] 골수는 혈액을 만드는 공장이라고 한다.
5) せきはい
   [解釋] 일본, 8강에서 네덜란드에 석패입니다.
6) しゅうぜん
   [解釋] 이 맨션은 계획적인 수선공사 실시가 불가결하다.
7) どくぜつ
   [解釋] 연예인 중에 독설을 인기를 얻는 비결로 하는 자가 있는 것 같다.
8) せんさい
   [解釋] 이 액세서리는 섬세한 수작업에 의해 만들어 졌다.
9) じゅうたい
   [解釋] 이 캘린더는 전국의 교통집중정체를 예측하고 있다.
10) そうえん
   [解釋] 뽕나무 밭이라는 것은 누에를 사육하기 위한 뽕나무를 옮겨 심은 밭의 의미이다.

4. 1) すてる
   [解釋] 그는 돈이라면 버릴 정도로 가지고 있다.
2) ふさぐ
   [解釋] 이제부터 틈을 막는 공정에 들어간다.
3) ちかう
   [解釋] 이것은 조국에 충성을 맹세하는 문구다.
4) くだく
   [解釋] 나는 지금 바위를 부수는 파도를 보고 있다.
5) たらす
   [解釋] 군침을 흘리는 아들의 모습이 보인다.
6) そこなう
   [解釋] 명령만으로는 자주성을 손상시키게 된다.
7) のべる
   [解釋] 지금은 작품을 읽고 감상을 기술하는 시간이다.
8) もる
   [解釋] 접시에 요리를 담는 일을 맡게 되었다.
9) しぶる
   [解釋] 불경기로 기업이 기부를 꺼려하게 되었다.
10) おそう
   [解釋] 그들은 일가를 계속해서 엄습할 계획을 세우고 있었다.

5. 1) エ   2) イ
   3) ア   4) ウ
   5) オ

6. 1) ア (喪も失も「なくす」という意味)   2) イ (首は「あたま」、尾は「しっぽ」)
   3) ウ (「石でできた棺おけ」という意味)   4) エ (「殉死する＋宗教のために」と解釈する)
   5) イ (伸は「のびる」、縮は「ちぢむ」)

7. 1) 鬼没
　　[解説] 神出鬼没(しんしゅつきぼつ)：自在に現れたり消えたりすること。
　2) 新陳
　　[解説] 新陳代謝(しんちんたいしゃ)：古いものが新しいものと代わる。
　3) 錯誤
　　[解説] 試行錯誤(しこうさくご)：失敗をかさねながら解決に近づいていくこと。
　4) 心機
　　[解説] 心機一転(しんきいってん)：何かのきっかけで気持ちを入れかえること。
　5) 森羅
　　[解説] 森羅万象(しんらばんしょう)：宇宙に存在する一切のもの。

8. 1) 襲 酬
　　[解釋] 토론회에는 많은 사람이 참가하여 활발한 의견 응수가 있었다.
　2) 食 殖
　　[解釋] 생체 내에 침입한 병원미생물이 증식해서 감염증을 일으켰다.
　3) 商 詳
　　[解釋] 생태계의 변화를 상세하게 조사한 보고가 학술지에 개제되었다.
　4) 宣 選
　　[解釋] 품질이 좋은 재료를 선택한다.
　5) 属 続
　　[解釋] 절도사건이 계속 일어나 경계에 임한다.

제11과　한국어 초성자음 [ㅈ]이 들어가는 상용한자

IV. 문제

1. 1) ③　　　　　　　　　　　　2) ②
　3) ①　　　　　　　　　　　　4) ④
　5) ④　　　　　　　　　　　　6) ②
　7) ④　　　　　　　　　　　　8) ③
　9) ③　　　　　　　　　　　　10) ②

2. 1) ④
　　[解説]　サイセイ　　　再生 재생
　　　　　　　　　　　　済世 제세. 세상을 구제함
　　　　　　　　　　　　祭政 제사와 정치
　　　　　　　　ザイセイ　　在世 재세. 살아있는 동안
　2) ④
　　[解説]　ジイ　　　　自慰 자위
　　　　　　　　　　　　次位 차석
　　　　　　　　　　　　辞意 사의
　　　　　　　　シイ　　　恣意 자의.

3) ①
　[解説]　シュウホウ　　　週報 주보
　　　　　　　　　　　　州法 주의 법
　　　　　　　　　　　　宗法 종문의 법규
　　　　　　ジュウホウ　　　重砲 중포
4) ②
　[解説]　ショウジョウ　　症状 증상
　　　　　　　　　　　　掌上 손바닥 위
　　　　　　　　　　　　鐘状 종모양
　　　　　　ショウショウ　将相 장군이나 재상
5) ③
　[解説]　シンゲン　　　　震源 진원
　　　　　　　　　　　　進言 진언
　　　　　　　　　　　　箴言 잠언
　　　　　　シンケン　　　真剣 진검
6) ②
　[解説]　セキリョウ　　　寂寥 적료. 고요하고 쓸쓸함
　　　　　　　　　　　　席料 자릿세
　　　　　　　　　　　　脊梁 척량. 척추
　　　　　　セキリュウ　　石榴 석류
7) ④
　[解説]　セッショウ　　　折衝 절충
　　　　　　　　　　　　摂政 섭정
　　　　　　　　　　　　殺生 살생
　　　　　　ゼッショウ　　絶唱 절창. 아주 훌륭한 시가
8) ③
　[解説]　センコウ　　　　専攻 전공
　　　　　　　　　　　　潜行 잠행
　　　　　　　　　　　　閃光 섬광
　　　　　　ゼンコウ　　　善行 선행
9) ③
　[解説]　チョウコウ　　　徴候 징후
　　　　　　　　　　　　朝貢 조공
　　　　　　　　　　　　聴講 청강
　　　　　　チョウゴウ　　調号 조표
10) ①
　[解説]　テイショウ　　　提唱 제창
　　　　　　　　　　　　逓相 본래 체신부 장관의 별칭
　　　　　　　　　　　　低唱 낮게 노래하는 것
　　　　　　テイジョウ　　庭上 정원 위

3.　1) しもん
　　[解釈] 자문위원회에는 주요일본기업의 환경경영책임자가 참가했다.

2) さいばい

[解釋] 일본에 있어서 차 재배는 꽤 넓은 범위에서 이루어지고 있다.

3) ちょうぼう

[解釋] 기지히키고원에는 파노라마 조망대가 있다.

4) ちくせき

[解釋] 이 질문에 대답하면 피로축적도의 진단을 할 수 있다.

5) ほてん

[解釋] 사장은 적자를 보전하기 위해서 일반회계에서 약 5억엔을 이월시켰다.

6) せっとう

[解釋] 경찰은 도주 중인 절도용의자를 체포했다.

7) ねんど

[解釋] 윤활유는 온도가 내려감과 동시에 점도가 높아진다.

8) せつぞく

[解釋] 패밀리 마트에서 간단하게 인터넷 접속을 할 수 있다.

9) ていさつ

[解釋] 무인 항공기는 북한이 정찰을 위해서 날렸을 가능성이 있다고 말 되어진다.

10) しっそう

[解釋] 그는 약 1개월 전에 실종되었다.

4. 1) てらす

[解釋] 섬광이 어둠을 비추는 광경은 훌륭하다.

2) とむらう

[解釋] 지진에 의한 재해는 사람을 애도하는 것의 어려움을 우리들에게 가르쳐 주었다.

3) かなでる

[解釋] 나는 [당신과 함께 연주하는 내일의 노래]라는 CD를 샀다.

4) つもる

[解釋] 오래간만에 만나서 쌓인 이야기가 많이 있었다.

5) つむ

[解釋] 88일째 밤에 찻잎을 따는 것이 좋다고 알려져 있다.

6) つくし

[解釋] 만전을 기해 대비하는 것이 중요하다.

7) しかる

[解釋] 부장은 언제나 부하의 일처리가 늦는 것을 나무란다.

8) ひそむ

[解釋] 수목에 숨은 해충을 찾아 구제했다.

9) さわる

[解釋] 철야는 내일 일에 지장을 주기 때문에 그만 두자.

10) ととのえる

[解釋] 여동생은 언제나 방을 쾌적하게 정리한다.

5. 1) イ
   2) ウ
   3) ア
   4) エ
   5) オ

6. 1) ア (俊も秀も「すぐれている」という意味) 　　2) エ (「提起する＋訴訟を」と解釈する)
　　3) イ (正は「ただしい」、邪は「よこしまな」) 　　4) ウ (「官設の邸宅」という意味)
　　5) ア (裁も断も「たちきる」という意味)

7. 1) 怒涛
　　[解説] 疾風怒涛(しっぷうどとう)：はやく吹く風と逆巻く大波で、世の中が激しく変わることのた
　　　　　　とえ。
　　2) 縦横
　　[解説] 縦横無尽(じゅうおうむじん)：自由自在に振舞うさま。
　　3) 佳境
　　[解説] 漸入佳境(ぜんにゅうかきょう)：最も趣深いところにだんだん入ること。
　　4) 朝令
　　[解説] 朝令暮改(ちょうれいぼかい)：朝に命令を出して、夕方にはもう変更するという意。
　　5) 適所
　　[解説] 適材適所(てきざいてきしょ)：その人の能力に適した地位や任務につけること。

8. 1) 懲 徴
　　[解釋] 비둘기는 평화의 상징이다.
　　2) 材 剤
　　[解釋] 건강지향으로 인해 입욕제가 잘 팔린다.
　　3) 臟 蔵
　　[解釋] 석유의 매장량에는 한계가 있다.
　　4) 敵 摘
　　[解釋] 문제점을 예리하게 지적당했다.
　　5) 終 衆
　　[解釋] 경묘한 화술로 청중을 매료시킨다.

Ⅳ. 문제

1. 1) ②　　　　　　　　　　　　　　2) ①
　　3) ③　　　　　　　　　　　　　　4) ④
　　5) ④　　　　　　　　　　　　　　6) ②
　　7) ①　　　　　　　　　　　　　　8) ③
　　9) ③　　　　　　　　　　　　　10) ②

2. 1) ④
　　[解説]　サイカン　　　　　歳寒 엄동설한. 歳寒の三友(さんゆう)：松, 竹, 梅
　　　　　　　　　　　　　　　彩管 채관. 화필(한문투의 말씨)
　　　　　　　　　　　　　　　菜館 채관. 중국요리집
　　　　　　　　ザイカン　　　在監 재감. 죄수로서 교도소에 수감되어 있음

2) ④
　[解説]　シュウショク　　就職 취직
　　　　　　　　　　　　　愁色 수심의 빛
　　　　　　　　　　　　　襲職 직무를 이어받음
　　　　　　ジュウショク　　住職 주지
3) ①
　[解説]　ショウケイ　　　捷径 첩경
　　　　　　　　　　　　　承継 승계
　　　　　　　　　　　　　勝景 절경
　　　　　　ジョウケイ　　　情景 정경
4) ④
　[解説]　シントウ　　　　浸透 침투
　　　　　　　　　　　　　親等 친족관계의 촌수
　　　　　　　　　　　　　新党 신당
　　　　　　ジントウ　　　　陣頭 진두. 陣頭指揮(じんとうしき) 진두지휘
5) ③
　[解説]　センコウ　　　　潜航 잠항. 수중을 항해함
　　　　　　　　　　　　　穿孔 천공. 구멍을 뚫음
　　　　　　　　　　　　　遷幸 천행. 天皇이 타처로 옮김
　　　　　　ゼンコウ　　　　善行 선행.
6) ①
　[解説]　ソウテン　　　　総点 총점
　　　　　　　　　　　　　蒼天 푸른 하늘
　　　　　　　　　　　　　操典 교범
　　　　　　ソウデン　　　　桑田 뽕나무 밭
7) ③
　[解説]　タイジョウ　　　　帯状 대상. 띠 모양
　　　　　　　　　　　　　体状 체상. 모습
　　　　　　　　　　　　　退場 퇴장
　　　　　　ダイショウ　　　代償 대상. 대가
8) ②
　[解説]　チクジョウ　　　　築城 축성
　　　　　　　　　　　　　逐条 조문을 하나하나 순서에 맞게 진행시키는 것
　　　　　　　　　　　　　竹杖 대나무 지팡이
　　　　　　チクゾウ　　　　蓄蔵 모아 둠
9) ②
　[解説]　チセイ　　　　　　知性 지성
　　　　　　　　　　　　　治世 치세
　　　　　　　　　　　　　地勢 지세
　　　　　　ジセイ　　　　　磁性 자성
10) ③
　[解説]　テッキ　　　　　　鉄器 철기
　　　　　　　　　　　　　摘記 개요와 요점만 뽑아서 기록함

適期 적기

セッキ　　　　　節気 절기. 계절의 구분

3.　1) せいぜつ

　　　[解釋] 이 드라마는 세 명 남녀의 처절하고 격정적인 러브스토리를 그린 작품이다.

　　2) ていけつ

　　　[解釋] 이번 협정체결에 의해 이제부터는 양국의 축구발전을 위해 적극적으로 상호협력을 꾀해

　　　　　　 나갈 것 같다.

　　3) ちみつ

　　　[解釋] 락쿠텐 사장은 치밀한 분석과 커뮤니케이션으로 우승을 손에 넣었다.

　　4) ちくじ

　　　[解釋] 축차 간행물은 크게 정기간행물과 부정기간행물로 나누어 진다.

　　5) とつめんきょう

　　　[解釋] 볼록거울이라는 것은 구면의 바깥쪽을 반사면으로 해서 사용하는 구면경을 말한다.

　　6) ちんもく

　　　[解釋] 어제 양들의 침묵이라는 영화를 보았다.

　　7) ちょうよう

　　　[解釋] 직접 몸에 첩용할 경우는 고무 성질이 있는 것이 적합하다.

　　8) ひょうしょう

　　　[解釋] 작년은 전국에서 1335명이 표창을 받았다.

　　9) せっちゅう

　　　[解釋] 화양절충이라는 것은 일본풍과 서양풍 양식을 함께 가미시키는 것이다.

　　10) しょうさん

　　　[解釋] 유명 맛집 잡지에서 칭찬하고 있는 기사를 읽고 언젠가는 가고 싶다고 생각했다.

4.　1) とどこおる

　　　[解釋] 회의가 정체됨 없이 원활하게 종료되었다.

　　2) いしずえ

　　　[解釋] 스기우라는 명치시대에 우편사업의 초석을 세운 인물이다

　　3) もよおす

　　　[解釋] 이번에는 유학생을 위한 바자를 개최하게 되었다.

　　4) よう

　　　[解釋] 맥주로 취하면 머리가 아프다.

　　5) しぼる

　　　[解釋] 이것은 콩에서 기름을 짜는 공정이다.

　　6) ふれる

　　　[解釋] 은은 공기에 닿으면 산화한다.

　　7) する

　　　[解釋] 초보자는 담에 차를 긁히는 경우가 많다.

　　8) ひたす

　　　[解釋] 생선을 식초에 담그면 오래 간다고 한다.

　　9) はれる

　　　[解釋] 내일은 꽤 날씨가 맑을 것 같다.

10) あてる

　　解釈 부장은 남은 시간을 준비에 충당하는 타입이다.

5.　1) ウ　　　　　　　　　　　　　　2) イ
　　3) ア　　　　　　　　　　　　　　4) エ
　　5) オ

6.　1) ウ (漆は「うるし」で、黒く光沢のある意味)　　2) エ (「徹(つらぬく)＋夜を」と解釈する)
　　3) ア (充も満も「みちる」という意味)　　　　　4) イ (親は「したしい」、疎は「したしくない」)
　　5) エ (「炊く＋飯を」と解釈する)

7.　1) 棒大
　　　　解説 針小棒大(しんしょうぼうだい):針ほどの小さいことを棒ほどに大きく表現すること。
　　2) 七転
　　　　解説 七転八起(しちてんはっき):失敗を重ねても、くじけることなく奮起すること。
　　3) 殺人
　　　　解説 寸鉄殺人(すんてつさつじん):短い警句で人の急所を批判するたとえ。
　　4) 千載
　　　　解説 千載一遇(せんざいいちぐう):千年に一度しかめぐり遇えないという意味からまたとない
　　　　　　　よい機会。
　　5) 明月
　　　　解説 清風明月(せいふうめいげつ):夜の静かで清らかなたたずまいの形容。

8.　1) 畜 築
　　　　解釈 구청에 건축허가를 신청한다.
　　2) 促 速
　　　　解釈 유행은 급속도로 사라진다.
　　3) 致 置
　　　　解釈 빈 캔 회수 상자를 설치한다.
　　4) 層 装
　　　　解釈 내장이 호화스러운 신형차다.
　　5) 聴 澄
　　　　解釈 만추의 청징한 공기 속에서 호수면에 비치는 단풍이 한층 선명하다.

제13과 상용한자표의 부표

Ⅰ. 상용한자표에 있는 부표의 한자표기어 문제

　1.　1) ①
　　　　解説 小豆:あずき 팥.
　　2) ②
　　　　解説 意気地:いくじ 고집. 기개.
　　　　　　　意気地なし:패기 없음. 또는 그런 사람.

3) ②

解説 河岸:かし 배를 대는 물가. 어시장. 장소.
魚河岸(うおがし):어시장.

4) ①

解説 心地:ここち 마음. 기분.
心地よい旅:기분 좋은 여행.

5) ②

解説 桟敷:さじき 판자를 깔아서 높게 만든 관람석.

6) ②

解説 竹刀:しない 죽도.

7) ①

解説 数珠:じゅず 염주.
数珠をつまぐる:염주를 세어 넘기다.

8) ①

解説 山車:だし 축제 때 끌고 다니는 장식한 수레.

9) ①

解説 足袋:たび 일본식 버선.

10) ②

解説 梅雨:つゆ 장마. 음독하면 ばいう임.

11) ②

解説 投網:とあみ 투망.

12) ②

解説 笑顔:えがお 웃는 얼굴.
笑み(えみ):웃음. 미소.

13) ①

解説 雪崩:なだれ 눈사태.

14) ①

解説 波止場:はとば 선창. 부두.

15) ①

解説 猛者:もさ 맹자. 수완가.

16) ①

解説 土産:みやげ 토산물. 남의 집 방문할 때의 선물.

17) ②

解説 乳母:うば 유모.

18) ②

解説 母屋:おもや 건물 중앙의 주요 부분. 안채. 본가.

19) ①

解説 時雨:しぐれ (늦가을부터 초겨울에 걸쳐 오는)한차례 지나가는 비.
五月雨:さみだれ 음력 5월경에 오는 장마.

20) ①

解説 田舎:いなか 시골.
田畑:たはた 논밭

2. 1) かじ
       解釋 이것은 대장장이 일을 소개하는 페이지입니다.
    2) しっぽ
       解釋 고양이 꼬리에는 갖가지 비밀이 숨겨져 있다.
    3) しにせ
       解釋 백년 이상 계속 이어져 온 노포의 일품만을 모아 놓은 통신 사이트도 있다.
    4) かたず
       解釋 나는 마른 침을 삼키면서 결승전을 지켜보고 있었다.
    5) すきや
       解釋 스키야는 찻물을 끓이는 작은 건물을 의미한다.
    6) やよい
       解釋 음력 3월을 야요이라고 한다.
    7) まじめ
       解釋 그는 언제나 성실하게 일한다.
    8) のりと
       解釋 노리토라는 것은 신을 제사 지내고 신에게 빌 때 낭독하는 옛 문체의 문장이다.
    9) わこうど
       解釋 젊은이의 광장이라는 것은 효고현 미나미 아와지시에 존재하는 시설의 명칭이다.
   10) なこうど
       解釋 중매쟁이는 결혼식 후까지 상담에 응해 주는 존재이다.

3. 1) くろうと
       意味 전문가. 화류계 여성.
    2) おとめ
       意味 처녀.
    3) ゆかた
       意味 목욕을 한 뒤 또는 여름철에 입는 무명 홑 옷.
    4) ざこ
       意味 잡어. 송사리.
    5) でこぼこ
       意味 요철. 울퉁불퉁. 불균형.
    6) なごり
       意味 자취. 추억. 기념. 그 모습. 석별. 미련.
    7) もめん
       意味 무명. 솜.
    8) いぶき
       意味 숨결. 기풍. 생기.
    9) しばふ
       意味 잔디.
   10) かわせ
       意味 환율. 환어음.
   11) あま
       意味 해녀.

12) かぐら

　　[意味] 신에게 제사 지낼 때 연주하는 무악.

13) おみき

　　[意味] 신불 앞에 올리는 술.

14) ふぶき

　　[意味] 눈보라.

15) ひより

　　[意味] 날씨. 좋은 날씨. 형편.

16) くだもの

　　[意味] 과일.

17) さなえ

　　[意味] 못자리에서 옮겨 심을 무렵의 묘.

18) かや

　　[意味] 모기장.

19) やまと

　　[意味] 일본의 딴 이름.

20) いちげんこじ

　　[意味] 일언거사. 무슨 일에나 말참견 않고는 못 배기는 사람.

4.　1) コ　早乙女

　　[意味] 모내기 하는 처녀. 소녀.

　2) ウ　伝馬船

　　[意味] 짐 나르는 거룻배.

　3) キ　白髪

　　[意味] 흰 머리.

　4) カ　稚児

　　[意味] 신사나 사찰의 축제 때의 행렬에 때때옷을 입고 참가하는 어린이.

　5) ア　八百長

　　[意味] 미리 짜고서 하는 엉터리 시합.

　6) ク　寄席

　　[意味] 사람을 모아 돈을 받고 재담, 만담, 야담 등을 들려주는 대중적 연예장. 落語를 듣는 곳.

　7) イ　五月雨

　　[意味] 음력 5월 경에 오는 장마.

　8) オ　七夕

　　[意味] 칠월칠석.

　9) ケ　砂利

　　[意味] 자갈. (속)어린이.

10) エ　海原

　　[意味] 넓고 넓은 바다. 창해.

11) シ　硫黄

　　[意味] 유황

12) タ　浮気

　　[意味] 바람기. 변덕

13) セ 景色
   意味 경치.
14) チ 風邪
   意味 감기.
15) テ 清水
   意味 (샘솟는) 맑은 물.
16) ツ 師走
   意味 (음력) 12월.
17) サ 相撲
   意味 스모[일본씨름].
18) ソ 築山
   意味 석가산.
19) ト 最寄
   意味 가장 가까움. 근처
20) ス 八百屋
   意味 야채가게. 야채장수

저 자 약 력

▌정 현 혁(鄭炫赫)

1993년 한국외국어대학교 일본어과 졸업
1995년 한국외국어대학교대학원 일어일문학과 졸업(문학석사)
2007년 와세다(早稲田)대학대학원 문학연구과 졸업(문학박사)

현 재 사이버한국외국어대학교 일본어학부 교수
        일본어학(일본어사) 전공

논문 및 저서
「キリシタン版国字本の文字・表記に関する研究」
「吉利支丹心得書の仮名遣い―和語を中心に―」
「慶応義塾図書館蔵『狭衣の中将』の使用仮名」
『뉴 스마트 일본어』
『한국인을 위한 일본어 발음』
『일본어학의 이해』
『일본어 첫걸음』
『미디어 일본어』
등 다수

일본 상용한자 2136자 읽기

초 판 인 쇄	2019년 02월 25일
초 판 발 행	2019년 03월 01일
저 자	정 현 혁
발 행 인	윤 석 현
발 행 처	제이앤씨
책 임 편 집	최인노
등 록 번 호	제7-220호
우 편 주 소	서울시 도봉구 우이천로 353 성주빌딩 3층
대 표 전 화	02) 992 / 3253
전 송	02) 991 / 1285
홈 페 이 지	http://www.jncbms.co.kr
전 자 우 편	jncbook@hanmail.net

ⓒ 정현혁 2019 Printed in KOREA.

ISBN 979-11-5917-135-2 13730   정가 18,000원